Tirso de Molina

El celoso prudente

Barcelona **2024**
Linkgua-ediciones.com

Créditos

Título original: El celoso prudente.

© 2024, Red ediciones S.L.

e-mail: info@linkgua.com

Diseño de cubierta: Michel Mallard.

ISBN tapa dura: 978-84-9897-350-1.
ISBN rústica: 978-84-9816-495-4.
ISBN ebook: 978-84-9897-199-6.

Cualquier forma de reproducción, distribución, comunicación pública o transformación de esta obra solo puede ser realizada con la autorización de sus titulares, salvo excepción prevista por la ley. Diríjase a CEDRO (Centro Español de Derechos Reprográficos, www.cedro.org) si necesita fotocopiar, escanear o hacer copias digitales de algún fragmento de esta obra.

Sumario

Créditos _____ 4

Brevísima presentación _____ 7
   La vida _____ 7

Personajes _____ 8

Jornada primera _____ 9

Jornada segunda _____ 57

Jornada tercera _____ 111

Libros a la carta _____ 159

Brevísima presentación

La vida
Tirso de Molina (Madrid, 1583-Almazán, Soria, 1648). España.
Se dice que era hijo bastardo del duque de Osuna, pero otros lo niegan. Se sabe poco de su vida hasta su ingreso como novicio en la Orden mercedaria, en 1600, y su profesión al año siguiente en Guadalajara. Parece que había escrito comedias y por entonces viajó por Galicia y Portugal. En 1614 sufrió su primer destierro de la corte por sus sátiras contra la nobleza. Dos años más tarde fue enviado a la Hispaniola (actual República Dominicana) y regresó en 1618. Su vocación artística y su actitud contraria a los cenáculos culteranos no facilitó sus relaciones con las autoridades. En 1625, el Concejo de Castilla lo amonestó por escribir comedias y le prohibió volver a hacerlo bajo amenaza de excomunión. Desde entonces solo escribió tres nuevas piezas y consagró el resto de su vida a las tareas de la orden.

Personajes

El Rey de Bohemia
Sigismundo, príncipe
Don Sancho, caballero
Lisena, dama
Diana, dama
Leonora, princesa
Fisberto, viejo
Alberto, infante
Enrique, marqués
Gascón, lacayo
Carola, criada
Orelio, criado
Laurino, criado
Fulciano, criado
Acompañamiento

Jornada primera

(Salen Lisena y Diana. Lisena tiene en la mano un librillo de cera blanca encendido, y en la otra un papel que Diana quiere quitarle.)

Lisena
    No has de verle. Sueltalé;
    que ya pecas de cansada.
    Mira que le rasgaré.

Diana
    ¿Tú has de encubrirme a mi nada
    bien lo que me amas se ve.
      ¡Tú a tal hora en el jardín
    sola, con luz y papel,
    sin que yo sepa a qué fin!
    ¿Merece saber mas de él
    que yo esta murta y jazmín?
      Si de testigos te enojas,
    que hablar puedan en tu mengua
    cuando cuentes tus congojas,
    yo solo tengo una lengua,
    e infinitas estas hojas.
      Murmurar las siento aquí
    con cualquier aura liviana,
    y debe de ser de ti;
    porque siendo yo tu hermana,
    no te osas fiar de mí.
      Lisena, suelta el papel
    o dime lo que contiene
    y a quien estimas en él.

Lisena
    Ni que lo sepas conviene
    ni una letra has de ver de él.

Diana
    ¿No soy tu hermana mayor?

Lisena ¿Qué importa aquí el parentesco
donde el secreto es mejor?

Diana Pues que verle no merezco,
venta será del honor;
  que por ser de mí estimado
en el extremo que entiendes,
a encubrirle te ha obligado.

Lisena Bien sé, hermana, que pretendes
que te diga mi cuidado;
  y por eso hablas ansí,
aunque en diverso conceto
estoy acerca de ti;
y pues te guardo el respeto
que tú me pierdes a mí,
  ni de esa suerte me trates
ni por fuerza saber quieras
lo que es.

Diana   Cuando te recates
de que sepa tus quimeras
y encubras tus disparates,
  como en cosas del honor
no toquen, no soy curiosa;
mas soy tu hermana mayor.
Ésta es hora sospechosa;
el papel encubridor
  de algún liviano suceso;
la luz, señal que procuras
publicar tu poco seso;
que el yerro que se hace a escuras
alivia a la afrenta el peso;

      el sitio no conveniente
      para quien profesa honor
      y el riesgo que corre siente;
      caviloso tu temor,
      o al menos impertinente
       pues has dado en recelarte
      de mí con tan necio extremo.
      Soy tu sangre, tengo parte
      en tu mal o bien, y temo
      no haya venido a engañarte
       quien a tal hora provoca
      tus deseos inconstantes;
      que una travesura loca
      es mal de participantes
      que a todo un linaje toca.

Lisena   En mejor reputación
      esté mi fama contigo.
      No sé yo por qué razón
      me das antes el castigo
      que mi culpa la ocasion.
       Mis pensamientos, si en ellos
      se han fundado los enojos
      qon que intentas ofendellos,
      tan altos son, que tus ojos
      no han de alcanzar ni aun a vellos.
       Si eres mi mayor hermana,
      y temes que he de ofenderte,
      trátame mejor, Diana;
      y si malicias, advierte
      que la malicia es villana
       y que, aunque en los nacimientos
      tu edad más respetos cobra,
      te aventajo en pensamientos,

pues del valor que les sobra
te puedo dar alimentos.
  Si aquí a tal hora me ves,
advierte, aunque maliciosa,
crédito a quimeras des,
que no hay hora sospechosa,
si la persona no lo es.
  Y que como no la esmalta
el Sol, de los cielos vida,
por si algún temor me asalta,
vengo con luz encendida,
supliendo lo que le falta,
  señal que no ha de temerse
cosa indigna de mi ser
y que de mí ha de creerse,
que aun de noche no sé hacer
cosa que no pueda verse.
  Este papel que ha causado
la inquietud que en ti se ve,
aunque le hayas injuriado,
basta que en mi mano esté,
para estar calificado.
  Y el sitio, pues yo le piso,
da nuevo ser a su ornato
y a tus sospechas aviso
y, aunque culpes mi recato
porque llamarte no quiso,
  no importa; que él es discreto,
y yo basto a dar valor
contra tu ruin conceto,
sitio, noche, temor,
la luz, papel y el secreto.

Diana   Pues ¿puédesme tú negar,

	que enamorados desvelos
	no te han hecho trasnochar?
Lisena	Mas ¿si me pidieses celos?
Diana	Bien sabes que no sé amar,
	y que hasta agora no ha habido
	quien me haya puesto en cuülado.
Lisena	Ya yo sé que te has querido
	alzar con el principado
	de la crueldad y el olvido
	y que cuantos quieren bien,
	una Anajarte alemana
	en tu severidad ven,
	siendo en el nombre Diana
	como en belleza y desdén.
	Y así yo que con temor
	ando de ver el extremo
	de tu intratable rigor,
	huyo de ti porque temo
	a quien nunca tuvo amor.
Diana	¡Gracias a Dios que he sacado
	en limpio esta confusión!
	En fin, ¿amor te ha quitado
	el sueño, y como ladrón
	de noche te ha salteado?
	Ya, pues los principios sé,
	saber puedo lo demés.
	¿Quién el venturoso fue,
	en cuyo papel estás
	deletreando su fe?
	Dime, Hermana, la verdad.

                    Ea...

Lisena   Háceseme grave
                    descubrir mi voluntad
                    a quien, porque amar no sabe,
                    es de ajena facultad.

Diana   No tanto, que aunque no adore,
                    ni tus desvelos imite,
                    favorezca, escriba y llore
                    ni la práctica ejercite
                    vuestra teórica ignore.
                    De amor sé la pasión ciega
                    quizá mejor que quien tira
                    sus gajes y al centro llega
                    de su esfera; que quien mira,
                    más alcanza que el que juega.
                    Conservo mi libertad;
                    mas no porque no consiento
                    tu amorosa ceguedad
                    eches al entendimiento
                    culpas de la voluntad.
                    Acaba; declararé.

Lisena   ¿Haste de enojar conmigo?

Diana   ¿Tan baja tu elección fue
                    que estás temiendo el castigo
                    si la prenda que amas sé?

Lisena   Antes es tan generosa
                    que entiendo, en siendo sabida
                    de ti mi elección honrosa,
                    que me llames atrevida

	y me riñas envidiosa.
Diana	¡Válgame Dios! ¿Quién será este hipérbole de amor? ¡Para aqueste monte ya!
Lisena	Si el conde de Peñaflor fuese el que ocasión me da de estimarle, ¿qué dirías?
Diana	Que a tu sangre corresponde el amor que en ella crías.
Lisena	¿Y si fuese más que el conde?
Diana	¿Más que el conde? Desvarías.
Lisena	¿Si Enrique de Oberisel, del rey privado y sobrino, me escribiese este papel...? ¿No es más galán? ¿No es más dino que el conde?
Diana	Es monstro con él. La alemana bizarría se avergüenza en su presencia. ¡Dichosa tú, hermana mía!
Lisena	Si me amase una excelencia, en vez, de una señoría, con más razon te admiraras.
Diana	¿Excelencia?

Lisena   El duque Arnesto
            ¿no puede, si en él reparas,
            aarme con fin honesto?

Diana   Señales vas dando claras
               que estás loca. Un caballero
            es nuestro padre, leal,
            de noble sangre y acero
            que tuviera más caudal
            a querer ser llsonjero;
               y, por igualar su hacienda
            con la altiva inclinación
            que su valor me encomienda,
            doy desdeñosa ocasión
            a que amor de mí se ofenda;
               que a falta de fundamentos
            del oro, que no hace caso,
            ni admite merecimientos,
            por no casar mal, me caso
            con mis mismos pensamientos.
               Mira tú, siendo mi hermana,
            y no con mayor tesoro,
            si es la elección que haces vana
            cuando Amor con flechas de oro
            hiere, por lo que en él gana.
               Si el duque a amarte se mueve,
            tomará a censo tu honor;
            mas mira que si se atreve,
            no hay noble buen pagador
            ni es príncipe el que no debe.

Lisena   ¿Basta a que de la grandeza
            de una excelencia admirar
            le dé ocasion la pobreza?

Pues aun más te has de espantar
cuando me llames alteza.

Diana

Anda, necia.

Lisena
(Sácale.)

Ese retrato
antes que leas el papel,
diga si verdad te trato.

Diana

A Sigismundo veo en él.

Lisena

Y antes que pase gran rato,
   verás el original
de ese gallardo traslado.

Diana

En amor tan desigual
donde el pincel ha firmado,
recelo algún grande mal.
   Sigismundo es heredero
de Carlos, rey de Bohemia;
Tú, hija de un caballero,
a quien la Fortuna premia,
más en sangre que en dinero.
   El Rey espera a Leonora,
de Hungría infanta, y tan bella,
que hasta la envidia enamora,
oara que case con ella
el príncipe que la adora.
   Por ella en Belgrado está
su hermano el infante Alberto,
y deben de llegar ya
pues si el casamiento es cierto
de quien retratos te da,
   ¿qué puedes tú pretender

                    de tan desigual amor,
                    ni qué alteza puede haber
                    que no derribe tu honor,
                    no siendo tú su mujer?

Lisena   Satisfágate a esa duda
                    ese papel, que ya puedes
                    ver discreta y guardar muda
                    oara que segura quedes
                    y Amor a mi dicha acuda.
                       Y sin hacer más espantos,
                    callando tu discreción,
                    advierte en favores tantos
                    que es carta de obligación
                    pero no con «sepan cuantos»;
                       que en saberlo pocos, creo
                    que el fin que espero verás
                    y de mi honra el empleo.

Diana   ¡Qué satisfecha que estás!

Lisena   Veráslo si lees.

Diana   Pues, leo.

(Lee.)   Mi padre el rey, prenda mía,
                    me da esposa y no sois vos,
                    como si Amor, siendo dios,
                    preciase estados de Hungría.
                    Antes que llegue este día
                    esta noche Amor concierta
                    daros la posesión cierta
                    que a Leonora os adelanta
                    porque en viniendo la infanta,

halle cerrada la puerta.
 La mano os tengo de dar
sin poner mi amor por obra
que no soy como el que cobra
sin intención de pagar.
Solo os quiero asegurar
que en honesto amor me fundo
y que, desmintiendo al mundo,
contra el gusto y el poder,
sabe amar sin ofender
a su esposa, Sigismundo.

 A tan segura firmeza,
tan nunca visto valor,
tan no esperada grandeza,
¿qué mucho triunfe tu amor
de la mudanza y pobreza?
 Solo Sigismundo es
quien nombre puede adquirir
de amante firme y cortés
que el hacer junta al decir
y da afrenta al interés.
 Ya por él perfeto queda
el amor, a quien obliga
a que estimarse en más pueda,
que estaba lleno de liga
como la baja moneda
 y en el fuego del valor
con que su fama acredito
sabe apartar del amor
la mezcla del apetito
para acendrarle mejor.
 A amar tu pobreza vino,
quilatando su decoro;

          que amor desnudo y divino
          cuanto está más limpio de oro,
          tanto es más perfeto y fino.
             Injuria, hermana, me has hecho
          el tiempo que no me has dado
          cuenta de tu honra y provecho.

Lisena   Aunque amor comunicado
          dicen que dilata el pecho,
             temí la envidia, Diana,
          que te pudiera causar.

Diana   No es mi inclinación villana.

Lisena   No, mas es propio envidiar
          una hermana a la otra hermana.

Diana   Pues ¿puédeme estar mal, di,
          que en Bohemia el reino goces?

Lisena   Ya lo ves.

Diana   Pues que de mí
          lo que te quiero conoces,
          deposita desde aquí
             secretos dentro la esfera
          de mi pecho que, constante,
          verte ya reinar quisiera.

Lisena   Mal sabrás, no siendo amante,
          saber servir de tercera.

Diana   Todo el ingenio lo alcanza.
          mas dime, ¿qué tanto ha

                        que entre el temor y esperanza
                        el príncipe por ti está
                        dando guerra a la mudanza?

Lisena   Que me quiere bien, ha un año
                        me jura, y que yo lo sé
                        un mes.

Diana   ¡Sufrimiento extraño!
                        ¿Y quién el Mercurio fue
                        de este provechoso engaño?

Lisena   Harto humilde, te prometo.
                        Gascón, lacayo de casa,
                        a falta de otro sujeto,
                        es arcaduz por quien pasa
                        nuestro amoroso secreto.
                            El príncipe le ha pegado
                        parte de su discreción
                        y de él el alma fiado.

Diana   Tiene buen humor Gascón.

Lisena   Bien conmigo lo ha mostrado;
                            pues entre burlas y veras,
                        introducir ha sabido
                        en mi pecho estas quimeras.

Diana   De ordinario, hermana, han sido
                        las gracias lindas terceras.
                            No desecha ripio Amor,
                        que es dios muy aprovechado,
                        pues al humilde favor
                        de un hombre bajo, ha obligado

	de Sigismundo el valor.
Lisena	Y tanto, que él solo tiene de su secreto la llave. Con él solo a verme viene de noche; que otro no sabe la pena que le entretiene. De manera que es de día de nuestro padre criado de los de menor cuantía; pero de noche privado del que menosprecia a Hungría.
Diana	Milagros del amor son, que coronas atropella. ¿Y entra otro más que Gascón en la danza?
Lisena	Una doncella, a quien han dado ocasión mis desvelos de acecharme, sabe algo de esto también.
Diana	No haces, pues, mucho en fiarme tu pecho, si otros le ven.
Lisena	No ha bastado el recatarme.
Diana	¿Fue Carola la curiosa?
Lisena	Sí, hermana; mas solo sabe que de mi pena amorosa es el dueño un hombre grave que me sirve para esposa;

| | sin que del príncipe tenga
ni sospecha ni noticia
ni conmigo al jardín venga. |

| Diana | Importa que a la malicia
Amor discreto prevenga.
 Princesa has de ser, en fin.
Y ¿por dónde te entra a hablar? |

| Lisena | Llave tiene del jardín. |

| Diana | Seguro puede llegar,
si eres tú su serafín.
 Y mi padre, estando ausente,
no estorbará tu ventura,
que el cielo, hermana, acreciente. |

| Lisena | Mira qué alegre murmura
esta jardín, esta fuente;
 pues entre dientes me avisa
que el príncipe viene ya.
¿No ves aumentar su risa?
¿No ves el olor que da
el suelo en que flores pisa?
 Pues todas señales son
de que Sigismundo ha entrado. |

| Diana | ¡Sabrosa exageración! |

(Salen Sigismundo y Gascón, como de noche, hablando en el fondo.)

| Sigismundo | La noche se ha desojado
en ver mis dichas, Gascón.
 Ojos son esas estrellas, |

| | con que hecha un Argos pretende
             ver mi amor por todas ellas. |

Gascón   Pues luminarias enciende,
              tus bodas anuncia en ellas.

Sigismundo   　Agradécele el favor
              con que a ayudarme ha venido
              vestida de resplandor.
              Dila algo.

Gascón   　　　　En mi vida he sido
              culto versificador;
              　mas pues tú lo mandas, vaya.
              Zarca antípoda de Febo
              que hecho este jardín Pancaya
              para alumbrarle de nuevo
              bordas de estrellas tu saya;
              　tú que al amante prometes
              favores como al ladrón
              y acompañando corchetes
              como si fueras jubón
              estrellas traes por ojetes;
              　tú que sustentas con ellas
              ya el favor y ya el desdén
              y miéntras brillas centellas
              haciendo el cielo sartén
              sus yemas rubias estrellas;
              　bien pudiera, pues que vuelas
              con tan estrellado bulto
              decirte —y aun lo recelas—
              con cierto poeta culto
              que estás llena de viruelas
              　o que como eres curiosa,

            entre el resplandor hechizo
            nos muestras la cara hermosa
            con tanto lunar postizo
            que ya pecas de pecosa;
               pero solo digo, en fin,
            que más bella que otras noches
            vienes hoy a este jardín
            llena de dorados broches
            desde el copete al chapín
               y que de los cielos bellos
            donde es bien que te rotules,
            pudieras, a sufrirlo ellos
            por lo que tienen de azules,
            cortar cambray para cuellos.

Sigismundo   Anda, necio.

Gascón   Al uso es esto.

Lisena   ¡Ay Diana! Vesle allí.

Diana   Despejarte quiero el puesto
              hasta que sepa de ti
              que soy de Amor tan honesto
                 medianera.

Lisena   La luz mato.

Diana   Haces bien. Aquí te espero;
              que siempre es cuerdo el recato.

Lisena   ¿Y el papel?

Diana   Guardarle quiero,

>   envuelto en él el retrato.

(Échase Diana en la manga el retrato y el papel, y apártase a un lado.)

Lisena   ¡Príncipe!

Sigismundo   Lisena mía,
                    ya es medio día, ya en verte
                    se ausentó la noche fria.

Gascón (Aparte.)   (Veremos de aquesa suerte
                    estrellas al mediodía.)

Sigismundo   Recelos húngaros son
                    los que el deseo apresuran,
                    pues para satisfacción
                    del amor que en ti aseguran,
                    te entregan su posesión.
                       Dicen que viene la infanta
                    a injuriar merecimientos,
                    mi bien, de hermosura tanta;
                    y para que impedimentos
                    con que Amor niño se espanta
                       mi dicha no hagan dudosa,
                    mi esperanza determina,
                    Lisena del alma hermosa,
                    que esta noche sea madrina,
                    y tú mi adorada esposa.

Lisena   El crédito has restaurado,
                    príncipe, que en los señores
                    por no pagar se ha quebrado;
                    pues siendo todos deudores,
                    tú pagas adelantado.

No estados podré ofrecerte
cual la infanta, Sigismundo,
aunque mi amor es de suerte
que tiene cual mar profundo
infinitos en quererte.
 Rey serás desde este día
de un alma humilde que adora
tu amorosa cortesía,
puesto que envidio en Leonora
no el amarte sino a Hungría.
 Mas ya que en estados reales
más ilustre la haga Dios,
consolaránse mis males
en que a lo menos las dos
somos en almas iguales,
 y en esto mi dicha fundo,
más que ella en su real blasón
pues siendo de Sigismundo,
estimo más tu elección
que las coronas del mundo.

Sigismundo   Paguen esa fe, Lisena,
mis brazos, de Amor tusón.
Noche alegre, quinta amena,
si porque mis bodas son
sin testigos, os dan pena,
 padrino el silencio sea;
estos cuadros, reales salas,
que himeneo alegre vea;
las flores, telas y galas,
que teja y vista Amaltea;
 mis deseos, convidados;
músicos, aquestas fuentes
y arroyos de Amor templados,

　　　　　　　　que den tono asus corrientes
　　　　　　　　y hagan fugas por los prados;
　　　　　　　　　vos, jazmín, murta, arrayán,
　　　　　　　　aromas que al aura pura
　　　　　　　　fragancia en sus flores dan...

Gascón　　　　Y yo vendré a ser el cura
　　　　　　　　o al ménos el sacristán.
　　　　　　　　　Deja el arroyo templado,
　　　　　　　　el arrayán, murta y flor,
　　　　　　　　viento, fuente, jardín, prado
　　　　　　　　—que has de darle cuenta a Amor
　　　　　　　　de ese tiempo mal gastado—
　　　　　　　　　y empieza tus aventuras;
　　　　　　　　que si Amor anda con venda
　　　　　　　　en fábulas y pinturas,
　　　　　　　　es porque siempre encomienda
　　　　　　　　al amante que obre a escuras.
　　　　　　　　　Estas violetas que ves,
　　　　　　　　su tálamo os pueden dar,
　　　　　　　　si agora alfombra a tus pies.
　　　　　　　　Solos os quiero dejar;
　　　　　　　　que al tronca de aquel ciprés
　　　　　　　　　me espera un sueño liviano,
　　　　　　　　y darle dos filos quiero.
　　　　　　　　Tahur es Amor tirano,
　　　　　　　　este jardín tablajero;
　　　　　　　　jugad los dos mano a mano,
　　　　　　　　　y tiraos como enemigos
　　　　　　　　los restos; que yo os prometo
　　　　　　　　que estáis picados, amigos.

(Apártase Gascón.)

Sigismundo	Al Amor llamó un discreto
	escritura sin testigos.
	No hace su honesta lucha
	de anfiteatros caso
	donde mira gente mucha.
	Dadme pues...
Lisena	Príncipe, paso;
	que hay aquí quien os escucha.
	No solo os imaginéis;
	que mi ventura ha traído
	un testigo que estiméis
	y a serlo agora ha venido
	de la merced que me hacéis.
	Diana fue salteadora
	de los secretos de Amor
	y, aunque sus leyes ignora,
	ensalza vuestro valor
	y vuestra grandeza adora.
	Dadla licencia que os hable.
Sigismundo	Gracias le debe este gusto
	por ella comunicable.
Lisena	A mi amor honesto y justo
	el cielo se muestra arable,
	pues todos le favorecen.
	Hermana, el príncipe os llama.
(Llega Diana.)	
Diana	Tantas mercedes me ofrecen
	con que ensalce vuestra fama
	las glorias que os engrandecen,

    gran señor, que puesta en duda,
para no haceros agravio,
cuando a alabaros acuda,
podré decir con un sabio
que la copia me hizo muda.
   Que como la admiración
es del silencio señal,
me ha causado confusión
el ver que un sujeto real,
digno de veneración,
   cual vuestra Alteza, se agrada
de realzar nuestra bajeza.
Aunque no ignoro espantada
ser propio de la grandeza
el dar ser a lo que es nada.

Sigismundo   Vos lo habéis dicho tan bien,
que a pesar de la opinión
que culpa vuestro desdén,
la hermosura y discreción
hermanarse en vos se ven.
   Estimad vuestra ventura;
que porque os llevéis la palma,
quiere que rindáis segura
con la discreción el alma,
los ojos con la hermosura.
   Y no reinos, ni riqueza
creáis que son el tesoro,
Diana, de más grandeza.
Los diamantes, plata y oro,
se crían en la aspereza
   de una infrutífera sierra;
las perlas que el mundo estima,
una concha las encierra;

            la púrpura que sublima
            la vanidad de la tierra,
               es sangre de un vil pescado;
            las piedras que el Sol congela,
            un monte las ha criado;
            las sedas de tanta tela,
            que dan soberbia al brocado,
               un gusanillo pequeño
            las hila de sus entrañas.
            Sacad su valor del dueño.
            Las monarquías extrañas
            que la amblción funda en sueño,
               tal vez dan blasones reales
            a un bárbaro sin razón;
            mas no dotes naturales
            de hermosura y discreción
            porque esos son celestiales.
               Y pues esto os engrandece,
            dejad la admiración ya;
            que mi elección apetece
            en más lo que el cielo da,
            que lo que la tierra ofrece.

(Sale Carola.)

Carola (Aparte.)   (¡Válgame Dios por señora,
            por amor y por jardín!
            Desde que el Sol el mar dora,
            hasta que con su carmín
            sale el alba a ser pintora,
               ¿desvelada y quimerista
            enjardinada has de estar?
            No hay quien al sueño resista,
            y ya de puro velar

                    se me entorpece la vista.
                       Divorcio hace con la cama
                    Lisena, y da en jardinera;
                    y con ser de un galán dama,
                    y haberme hecho su tercera,
                    sé que adora, y no a quién ama.
                       Pues procúrese guardar
                    de mí; que siendo mujer,
                    bien pudiera adivinar
                    que reviento por saber
                    y, en sabiendo, por hablar.
                       Escucbarélos de aquí.)

Gascón   (Carola es ésta: tentarla
                    quiero.) ¡Ah, mi reina!

Carola   ¡Ay de mí!
                    ¿Quién es?

Gascón   Quien por adorarla,
                    vive en ella y no esta en sí.
                       Tierna comunicación
                    a su señora entretiene
                    aquí. ¿Habrá conversación?

Carola   ¿Luego él con su amante viene!

Gascón   Vengo por su motilón
                       y por servidor leal
                    de esa cara.

Carola   Apártese;
                    que ese nombre huele mal.

Gascón	Es de noche, y me vacié.
Carola	Diga «agua va», pesia tal,
	y hable más limpio, si intenta
	que no me vaya.
Gascón	Yo busco
	una trucha con pimienta,
	una viña con rebusco,
	y una huéspeda sin cuenta.
Carola	Pues yo, hermano, no pretendo
	a quien busca gangas muchas,
	y que me pesque defiendo,
	porque no se cogen truchas...
	Ya lo entiende.
Gascón	Ya lo entiendo.
Carola	Si rebusco busca en viña,
	no hay en mí qué rebuscar;
	que estoy en cierne, y soy niña
	en agraz por madurar...
Gascón (Aparte.)	(Si lo jura su basquiña...)
Carola	...huéspeda soy; mas si intenta,
	cuando disgustos despueblo,
	comer, irse, y no hacer cuenta,
	pique; que cerca está el pueblo
	y no hay posada en la venta.
Gascón	Discretaza eres. Ser quiero
	perdigón de tu reclamo.

Carola	¿Quiero, dijo? ¡Ay qué grosero! Sepamos quién es su amo y quién es él; que me muero de este antojo, y, podrá ser, que algún monipodio hagamos.
Gascón	Vaya, pues has de saber...
Carola	¿Tan presto nos tuteamos?
Gascón	Soy hombre y eres mujer.
Carola	¿Quién son los dos? Que recelo que nos quieren dar papilla.

Gascón	Caballeros, vive el cielo
	 sino que éste lo es de silla
	 y yo caballero en pelo.
	    A medias gano salario
	 de dos amos por su turno
	 a quien sirvo de ordinario:
	 de adelantado al diurno
	 y a esotro de secretario.
	    Causaráte maravilla
	 este modo de servir;
	 pues advierte que en Castilla
	 por mí se vino adecir
	 lo de aquella seguidilla:
	
	    «Dime qué señas tiene,
	 niña, tu hombre.»
	 «Lacayito de día
	 bufón de noche.»

Carola	Tan en ayuno me quedo / de saber quién es, como antes. / ¿Quién es su señor?
Gascón	No puedo / decirlo; que en los amantes / el secreto quita el miedo; / mas si me das un favor, / todo lo desbucharé.
Carola	¿Qué quiere?
Gascón	¿No hay cinta o flor, / guante de la mano o pie, / y otros dijes de amor?
Carola	Diérale yo este listón; / mas pediráme el que trato / cuenta de él, y con razón.
Gascón	Lo contado come el gato. / ¿Es el dichoso Gascón?
Carola	¿Gascón? ¡Gentil desatino! / ¿Yo amores con un gabacho / que a casa en puribus vino?
Gascón	¿En puribus?
Carola	Es borracho / y anda en cueros como el vino; / mas cúmplame aqueste antojo / y hele aquí.

Gascón
                    Venga el listón;
que ya de celos me enojo.
¿Ha de olvidar a Gascón,
y escogerme á mí?

Carola
                            Sí escojo.

Gascón   ¿Olvidaréle?

Carola
                              ¡Jesú!
Dale ya por olvidado.

Gascón   ¿No es monazo?

Carola
                            De Tolú.

Gascón   ¿No es un puerco?

Carola
                            Socarrado.
¿Qué falta?

Gascón   Escupirle.

(Escupe.)

Carola   ¡Pu!

Gascón (Aparte.)   (La mitad de tu apellido
escupiste.) Digo pues,
ya que obligarme has querido,
que este caballero es...

Carola   ¡Ay Dios!

Gascón	¿Qué sientes?
Carola	Ruido. ¡Lisena, señora mía, tu padre en casa!
Lisena	¡Ay de mí!
Sigismundo	¿El pesar tras la alegría?
Diana	Véte, gran señor, de aquí.
Gascón (Aparte.)	(La fiesta se queda fría.)
Sigismundo	Ya, mi bien, que sois mi esposa, no temo siniestro fin. Adiós mi Diana hermosa.
Lisena	La puerta está del jardín abierta.

(Vase Sigismundo.)

Gascón	Pues es forzosa, la amistad que hemos trabado, ¿cómo te llamas?
Carola	Carola.
Gascón	Dolor de tripas me has dado; mas por esa causa sola traeré el cuello escarolado.

(Vase Gascón. Salen Orelio, con una hacha encendida, hablando aparte con Fisberto, viejo.)

Fisberto ¿Hombre, dices que salió
del jardín?

Orelio ¿No ves abierta
la puerta?

Fisberto Y con ella abrió
sospecha a mi agravio cierta
quien en él de noche entró.
Alumbra. ¿Quién está aquí?

Lisena ¡Oh, señor! Seas bien venido.

Fisberto Vine y vi; mas no vencí,
pues miro el honor perdido
que industrioso conseguí.
¿Qué hacéis las dos a tal hora
y en tal sitio?

Lisena Es el calor
del sueño enemigo agora
y huyendo de su rigor,
pedimos alivio a Flora.

Fisberto ¿Y abrístele, para echalle,
la puerta?

Diana Lugar seguro
es el jardín, sin cerralle,
pues sale el postigo al muro
y no a la plaza y la calle.

	Deja agora, señor, eso
y dinos si traes salud.
Fisberto	Que lo imaginé confieso;
mas la falta de virtud
quitan la salud y el seso.
La que yo tenía era cierta
pero tan mal me ha tratado
quien darme muerte concierta,
que el honor me ha registrado
el cierzo de aquella, puerta.
¿Qué hombre fue el que salió
por ella agora?
Diana	¿Qué dices?
Lisena	¿Hombre aquí?
Fisberto	Diréis que no
pero lo que tú desdices
colíjo en la cara yo.
Diana	Si no volviera por mí
la opinión que de intratable
en el mundo conseguí,
temiera algún mal notable
qe ver que me hables ansí.
¿Sabes que Bohemia sabe
en lo que mi honor se precia
sin que de humanarese acabe
y que en opinión de necia
estoy por honesta y grave?
Pues ¿qué sospechoso humor
quitarme intenta este nombre,

	sin estima de mi honor?
	La sombra no más de un hombre
	suele causarme temor.
	Mi hermana, ya es cosa cierta
	lo que su fama procura.
	No culpes jardín ni puerta.

Fisberto   Sin puerta aun no está segura
la honra en mujer y huerta,
   cuanto y más haciendo prueba,
abriéndola, del rigor
con que un viento se la lleva;
que a Adán le quitó el honor
estando en un jardín Eva.
   Estáis en jardín, y crece
el deseo, y cuando vaya
al natural que apetece,
podréis decir que bien haya
quien a los suyos parece.
   Carola, di la verdad.
¿Quién era el que estaba aquí?

Carola   Yo, señor...

(Fisberto saca la daga.)

Fisberto   De mi crueldad
entenderás...

Carola   ¡Ay de mí!
Uno de la vecindad
   buscaba —aquesto es sin duda—
de parte de la comadre...
deja la daga desnuda...

	para cierto mal de madre,
	unos cogollos de ruda.
Fisberto	Vive el cielo, que ha de ser
	hoy sepulcro este jardín
	vuestro, o tengo de saber
	qué hombre, o para qué fin
	acabáis de hablar y ver.
Diana	Ya no se puede esperar
	tanta afrenta y vituperio.
	¿Eso se ha de imaginar
	de mí? Iréme a un monasterio,
	y podráste asegurar.
Fisberto	¡Ah mujer, al fin lijera!
Diana	Por no serte inobediente,
	me voy.

(Hace que se va, y tiénela Fisberto de la manga donde escondió el papel.)

Fisberto	¿Dirás que es quimera
	lo que yo he visto? Detente.
	¿Qué papel es éste? Espera.

(Sácale el papel y el retrato.)

Diana	¿Es nuevo traer papeles
	en la manga una mujer?
Fisberto	¿Cuándo tú traerlos sueles?
	Bueno! ¿Estudios vengo a ver
	de plumas y de pinceles?

(Lee.)

> Regalado está el papel,
> y el príncipe en su retrato
> se muestra amoroso y fiel.
> ¿Eres tú la del recato,
> la desdeñosa y cruel?
>   ¿Creyendo a un príncipe estás,
> que mañana ha de casarse?
> ¡Bien tu sangre honrando vas!
> ¿Papeles que han de rasgarse
> cobras, cuando tu honra das?
>   ¿Es más aquesta pintura
> de un papel en que trabaja
> el engaño, pues procura
> la deshonra en su baraja
> darte un rey solo en figura?
>   Da crédito a firmas fieles,
> funda en ella tus cuidados;
> sabrás, cuando más reevles,
> que a mujeres y a soldados
> paga un príncipe en papeles.
>   ¿Eres tú la recatada?

Lisena (Aparte.)

> (Ya lloro de mi secreto
> la dicha desbaratada.)

(Aparte a Lisena.)

Diana

> Por sacarte de este aprieto,
> tengo de ser la culpada.

Fisberto

>   ¿Y tú, Lisena, a terciar
> en mi afrenta te enseñaste?
> ¡Bien te sabes estimar!

Lisena	Al punto que aquí llegaste,
	acababa yo de entrar,
	el hombre que salir viste,
	de mí debió de irse huyendo,
	el tiempo que tú veniste;
	mas de aquí saco y entiendo
	que en un engaño consiste
	cualquier vana hipocresía.
	Ya sabemos a que fin
	se echaba a dormir de día
	por velar en el jardín
	cada noche.
Diana	¡Hermana mía...!
Lisena	Creyó subir a lo sumo
	de la real autoridad
	y de aquí, a lo que presumo,
	crecen de su vanidad
	los humos, que al fin son humo.
	Di, necia, ¿locura tanta
	te hizo desvanecer
	por un papel que te encanta?
	¡Por cierto, hermosa mujer
	para hacer punta a una infanta!
	Si mi padre ha de tomar
	venganza, y me cree a mí,
	a ti te había de quemar,
	y al retrato porque así
	reinéis los dos a la par.
	Fuera un hecho sin segundo,
	si en pago de tu corona,
	os viese quemar el mundo:

| | a ti por loca en persona
| | y en retrato a Sigismundo.
| | ¡En gentil reina había puesto
| | Bohemia su monarquía!
| | Castígala, señor, presto.
(A Diana aparte.) | Perdóname, hermana mía,
| | que, me va la vida en esto.

(Vanse Lisena y Carola.)

Fisberto   Quien loca imposibles prueba,
                        y a subir se desvanece
                        a donde el viento la lleva,
                        cuando caiga, bien merece
                        que cualquiera se le atreva.
                          De ese retrato te asombra,
                        si a cobrar tu seso vienes,
                        pues si su esposa te nombra
                        y, en sombra al príncipe tienes,
                        princesa serás en sombra.
                          Y mientras yo voy a hablar
                        al rey y a poner cordura
                        a quien te viene a burlar,
                        descarta aquesa figura
                        y tu honor podrás ganar.

(Vanse Fisberto y Orelio.)

Diana   ¡Gentil fraterna me han dado!
                        Basta, que llevo la pena
                        de lo que nunca he pecado;
                        mas como reine Lisena,
                        yo lo doy por bien empleado.
                          Con este enredo codicio

darle a Amor su posesión;
pues de tercera es mi oficio,
seré amante en opinión
pues no puedo en ejercicio.

(Vase Diana. Sale en Rey de Bohemia, viejo, y Alberto, infante.)

Alberto
Una jornada, gran señor, de Praga
queda Leonora, infanta, donde espera
el palio real, que en parte satisfaga
la ausencia de su patria, en ella fiera.
Si Amor servicios de este modo paga,
y el príncipe la dicha considera
que los cielos le ofrecen con Leonora,
no a la infanta de Hungría, al Sol adora.
 Disimula prudente la tristeza
que, a pesar de su industria, por los ojos
no agravia, antes aumenta su belleza;
que suelen ser afeite los enojos.
Causarálos mudar naturaleza,
si ya no es que acierten los antojos
de quien afirma, más que fuera justo,
que se casa la infanta a su disgusto.
 Tibio también a Sigismundo advierto
en estas bodas. Poco se disfraza.
Al camino creímos que encubierto
saliera a ver la infanta y que la caza
su amor coloreara; mas lo cierto
es que en otros empleos se embaraza
voluntad que a tal tiempo es tan remisa
si Amor a los principios todo es prisa.

Rey
Pues bien, ¿qué me querrás decir por eso?

Alberto   ¡Ay Rey! ¡Ay padre! Si el principio mío
tu sangre fue, y es cierto que intereso
de ella el amor, por quien vivir confío;
si aquesta mano que obediente beso,
por afrentar larguezas de Darío,
con que al monarca macedón excedes,
se llama mano por manar mercedes.
   Ansí al bohemio reino jamás falte
tu vista venerable; ansí preserve
el tiempo tu vejez sin que le asalte
decrépito rigor que en ti reserve;
ansí la eternidad su trono esmalte
en esa plata, donde se conserve
una vida inmortal, sin que venganza
des jamás al olvido y la mudanza;
   que el reino del Amor no tiranices,
ni voluntades con violencia enlaces;
que no la fuerza doma las cervices
del tálamo himeneo que deshaces.
Cuando campos de plata esterilices
que entre los lazos de amorosas paces
hijos producen con que eterno queda,
no habrá quien en los reinos te suceda.
   Yo, padre caro, que a Leonora adoro
y en sus ojos recíprocos colijo
correspondiente gusto, en lazos de oro
de sus cabellos mi prisión elijo.
Sigismundo no la ama. Si el decoro
de mi vida te mueve, el ser tu hijo
y no me quieres presto llorar muerto
agrada a Sigismundo. Obliga a Alberto.
   Acción tengo a Sajonia; en su conquista
feliz, asiste el español don Sancho;
ya dicen que ha rendido a escala vista

| | las poblaciones de su término ancho
y, como tu rigor no lo resista,
si con Hungría su ducado ensancho,
la fama vencerás de tus mayores
y dejarás dos reyes sucesores. |

Rey

    No merece respuesta quien no estima
palabras reales que respeta el mundo.
Tu necio amor sus ímpetus reprima
sin culpar el que tiene Sigismundo;
que ni Leonora el suyo desestima
ni tú, que en nacimiento eres segundo,
cuando en Sajonia por su duque quedes,
es justo que como él, un reino heredes.

Alberto   Pues, ¡vive el cielo...!

Rey   Loco, ¿qué es aquesto?

Alberto   Que si a otro que a mí su esposo llama...

Rey   ¡Tú conmigo atrevido y descompuesto!
¡Hola! ¿No hay gente aquí?

Alberto   ...que en viva llama
a Roma ha de imitar tu corte presto,
y yo a Nerón, que a la tarpeya fama
pondré en olvido.

(Vase Alberto.)

Rey   ¿No hay quien lleve preso
este desatinado, este sin seso?

(Sale Fisberto.)

Fisberto
　　Vuestra majestad se sirva
　　de oírme aparte un secreto,
　　y esta prisa no le espante,
　　porque la pide el remedio.

Rey
　　Si no es de tanta importancia,
　　después me hablaréis, Fisberto.

Fisberto
　　Vaos en ello, gran señor,
　　el gusto, y la paz del reino.

Rey
　　¿La paz del reino y mi gueto?
　　¿Qué será? ¡Válgame el cielo!
　　Llegáos aquí y excusad
　　preámbulos y rodeos.

Fisberto
　　La noticia que de mí
　　os dieron mozo mis hechos,
　　gran señor, aunque olvidada,
　　no del todo se habrá muerto.
　　De ella habréis ya colegido
　　la lealtad con que os sirvieron
　　mis nobles progenitores,
　　imitándolos yo en esto.
　　Testigo el pobre caudal
　　con que su opinión sustento;
　　que privar y salir pobre
　　limpio nombre da, aunque nuevo.
　　Hanme quedado dos hijas
　　con cuya vista consuelo
　　servicios no bien pagados
　　si no es en merecimientos.

Rey	¿Querréis, Fisberto, pedirme sus dotes? Yo os los concedo. ¿Es éste el caso importante?
Fisberto	No dotes, señor, pretendo; que los de naturaleza tienen y los que las dieron sus nobles antepasados, que son los que estimo y precio. Bástales ser hijas mías; que si nobles casamientos mi vejez apeteciera, no viniera a lo que vengo ni algún príncipe faltara que, llamándose mi yerno, ensalzara prendas mías hasta su trono supremo. Diana, que es la mayor, y en los altos pensamientos mi natural semejanza, tan sublimes los ha puesto que el príncipe Sigismundo es, gran señor, por lo menos, el blanco de su esperanza y de su amor el sujeto.
Rey	No será la primer loca que dando en esos extremos con príncipe bodas finja y pare su tema en reinos. ¿Qué quieres decirme más?
Fisberto	Por locura pasara esto,

| | si el príncipe, gran señor,
| | no hubiera sido el primero
| | que, a pesar de inconvenientes,
| | menospreciando conciertos
| | que con la infanta Leonora
| | por él en Hungría has hecho,
| | persuadiera la entereza
| | de Diana al fin honesto
| | con que la iglesia permite
| | vivir un alma en dos cuerpos.

Rey   ¿Sigismundo con Diana?

Fisberto   Ésta es verdad.

Rey   Anda, necio.
                Ya sé que se ha concertado
                contigo el infante Alberto
                para que me persuadas
                que el príncipe, aborreciendo
                a Leonora, pronostica
                infeliz su casamiento.

Fisberto   De mi hacienda vine anoche,
                hallé mi jardín abierto,
                vi salir un hombre de él
                y estar mis dos hijas dentro.
                Sospechas averigüé;
                que en este papel perdieron
                el nombre, pues ya no son
                sospechas indicios ciertos.

(Dale al Rey el papel y el retrato, y mírale.)

Léele, y mira este retrato
y si tomas mi consejo,
no con alborotos hagas
agravio al sabio silencio;
que yo casaré a Diana,
buscando algún caballero
igual a su sangre y dote
con la brevedad que veo
que para este caso importa;
y puesto este impedimento
volverá el príncipe en sí.
Será de la infanta dueño,
y yo quedaré premiado
con que sepan que he antepuesto
la lealtad a una corona
que me daba reyes nietos.

Rey Fisberto, si yo supiera
el valor que en ese pecho
atesora tu lealtad,
tú ocuparas otro puesto;
mas yo enmendaré descuidos.
Tomar quiero tu consejo
sin que, cual dices, enojos
publiquen lo que es secreto.
Bien me parece que cases
a Diana, y que sea luego;
que en el peligro presente
es el más arduo remedio;
pero ha de ser de mi mano
el esposo; que ya quiero,
aunque tarde, comenzar
a pagar lo que te debo.
Don Sancho de Urrea merece,

                    por noble, pues descendieron
                    de los reyes de Aragón
                    los que a su casa ser dieron;
                    por valeroso, cual muestra
                    Sajonia, por cuyos hechos
                    rendida me reconoce;
                    por su noble entendimiento,
                    y por su edad, no liviana,
                    como en los años primeros,
                    cuya mudable inquietud
                    mil mal casados ha hecho,
                    sino en madurez viril,
                    que los gustos Himeneos,
                    para que duren felices,
                    tasa sabio, y goza cuerdo;
                    y, en fin, porque yo le estimo
                    y darle estados pretendo
                    que el ambicioso murmure
                    y no indignen al discreto,
                    me parece que será
                    merecido y justo empleo
                    de tu lealtad y mi gusto.

Fisberto   Agradecido te beso,
                    gran señor, tus pies reales;
                    que a medida del deseo,
                    dueño a mi casa has cortado.

(Salen Sigismundo, Alberto, y Gascón, hablando aparte los tres.)

Sigismundo   Los brazos te diera, Alberto,
                    a no estar mi padre aquí,
                    por ver que en la infanta has puesto
                    los ojos, y amando estorbas

	este odioso casamiento.
	De mi parte está seguro;
	porque al paso la aborrezco
	que en otra parte idolatro.
Gascón	Príncipe, ¿no ves aquello?
	Retrato, viejo y papel
	te acusan.
Sigismundo	Ya sé el enredo,
	Gascón, que en ayuda mía
	anoche hicieron los cielos.
	La sospechosa es Diana,
	de mi amor y, por lo menos,
	Lisena estará segura.
Gascón	Amor todo es embelecos.
Rey	Príncipe.
Sigismundo	¿Señor?
Rey	¿Qué aguardas
	si está tu esposa en mis reinos
	y una jornada de aquí
	que a verla no vas?
Sigismundo	Sospecho...
Rey	No hay que sospechar. Al punto
	parte y quítala recelos;
	que tu descuido habrá dado
	materia a su llanto y celos.

(Hablan aparte Sigismundo y Alberto.)

Sigismundo   ¿Qué responderé?

Alberto   Que vas
A verla, y juntos podremos,
contra caducos enojos,
entablar nuestros sucesos.

Rey   ¿No partes?

Sigismundo   Ya, Señor, parto.

Rey   Fisberto, venid; que tengo
que deciros muchas cosas
concernientes al bien vuestro.

(Vanse el Rey y Fisberto.)

Sigismundo   Quédate, Gascón.

Gascón   De día
soy vigilia de este viejo
pues siempre le voy delante.

Sigismundo   ¿Y de noche?

Gascón   Tu linterno.

(Vase Gascón.)

Sigismundo   Partamos, pues, que Leonora
y Hungría serán de Alberto,
o no seré Sigismundo.

Alberto   Pon en mi cara dos hierros.

             Fin de la primera jornada

Jornada segunda

(Salen el Rey, Sigismundo, Alberto, Lisena, Fisberto, Gascón, y Diana y don Sancho, de novios.)

Rey
      No poco contento estoy,
noble Sancho, bella Diana,
pues la hermosura alemana
al valor de España doy;
   que de tan justos amores,
de tal marido y mujer,
me prometo han de nacer
valerosos sucesores,
   que honrar mi reino procuren
y en la venidera edad
tengan en pie la lealtad
y esta corona aseguren.
   Y pues de la parte vuestra
ya está cumplido mi gusto,
de la mía será justo
que dé mi largueza muestra
   de que soy buen pagador.
Sancho, servicios os debo,
dignos que al estado nuevo
que gozáis, haga favor.
   A Sajonia me habéis dado;
en ella el condado os doy
de Alba Real.

Sancho
      Por ti estoy
a un tiempo rico y casado,
   gran señor. A renacer
vuelvo de nuevo a esas plantas,
pues mi pequeñez levantas,

y das a mi dicha ser.
　　bien conozco cuánto agravio
hace a mi bella consorte
el cielo y que en esta corte
esposo más mozo y sabio
　　correspondiera a su edad;
que amor que las almas mide
como en las costumbres, pide
en años conformidad;
　　y en tálamo juvenil
gozarán justos amores;
que no vienen bien las flores
del amor sino en su abril.
　　Yo, que del estío paso
y ya al otoño me allego,
aunque al amoroso fuego
de esta belleza me abraso,
　　por más que la adoro tierno,
temo, aunque el alma la doy,
ver que en el otoño estoy,
y a las puertas de mi invierno.
　　Mas pues vuestra majestad
por cuenta suya ha tomado
el darme esposa y estado,
y ella, aunque en tan tierna edad,
　　por esos estorbos pasa,
tengo por cierto, y es justo,
que reducirá su gusto
al gusto de quien nos casa.

Fisberto　　　　Diana, conde, es discreta,
y conmigo ha consultado
cuán bien dice con su estado
vuestra edad sabia y discreta,

   respondiendo yo por ella
a vuestra excusada duda;
que en tal acción el ser muda
hace a la novia mas bella.
   En la juventud ha hecho
el Amor prueba infalible
de que es más apetecible;
mas no de tanto provecho
   como la viril edad,
medio entre extremos viciosos;
pues si campos viste hermosos
la joven amenidad
   del verano, y da en tributo
las flores que un aire seca,
el otoño cuerdo trueca
sus flores en fértil fruto
   que a Ceres y a Baco alegre
sin que la vejez le espante,
porque a un otoño abundante
se sigue un invierno alegre.
   Y así en el símil que toco,
Diana, que es de este acuerdo,
os ama por moral cuerdo,
más que por almendro loco.

Diana   Habló mi padre por mí
como mi padre en efeto.
En su gusto comprometo
todo el del alma que os di,
   rindiendo al rey, mi señor,
las gracias de haberme honrado;
que de tal mano, tal dado,
tal premio, de tal valor.

Rey	Pues aun no os he dado a vos ninguna cosa, condesa.
Diana	Lo que mi esposo interesa, es, gran señor, de los dos.
Rey	No, razón es que por él las arras pague; y ansí os llamaréis desde aquí duquesa de Florabel.

(Llegan a besar la mano al Rey don Sancho, Diana, Fisberto y Lisena.)

Fisberto	Dénos vuestra majestad los pies.
Rey	Lisena, ¿también llegais vos? Pero, hacéis bien. ¿Mercedes queréis? Alzad; que de Mons la baronía para dote vuestro os doy.
Lisena	A Alejandro excedes hoy.

(Sigismundo habla aparte a Lisena.)

Sigismundo	¡Ay prenda del alma mía! ¡Con qué venturoso engaño de mi padre se ríe Amor! Estorbos pone el temor en mi provecho y su daño. ¡Casando a Diana, entiende que lo he de estar con Leonora! Que eres tú mi esposa ignora

	y, creyendo que me ofende;
	no sabe que me asegura
	cuando baronías te dé
	y que yo el varón seré,
	que he de gozar tu hermosura.
Rey	¿Cómo, príncipe, no dais
	a don Sancho el parabién
	si de su aumento y su bien,
	como es razón, os holgáis?
Sigismundo (Aparte.)	(Fingirme sentido quiero
	de que Diana se case
	para que adelante pase
	el engaño de que espero
	conseguir mi alegre intento.)
	Vuestra majestad le ha dado
	por todos... aunque excusado
	fuera aqueste casamiento.
Rey	¿Por qué ocasión?
Sigismundo	Yo la sé;
	y aunque por no alborotalle,
	en esta ocasión, la calle
	algún día la diré.
Sancho	No quiera Dios, gran señor,
	que si esto no corresponde
	a vuestro gusto...
Sigismundo	Andad, conde.
Sancho	¿Qué causa a tal disfavor

                              he dado yo?

Sigismundo   Bueno fuera
              darme cuenta a mí, si es ley
              que a vuestro príncipe...

Sancho   El rey
              Nuestro señor...

Sigismundo   Bien pudiera
              el rey, mi padre...

Rey   ¿Qué es esto?

Sigismundo   Sentimientos justos son.

Gascón (Aparte.)   (¡Oh príncipe socarrón!
              ¡Miren qué mustio se ha puesto!)

Rey   ¿No basta ser gusto mío?

Sigismundo   Basta y sobra; pero...

Rey   Andad,
              y a su casa acompañad
              los novios, infante. El brío,
                 príncipe, que os descompone,
              ya yo sé de dónde nace.
              Quien tan mala elección hace,
              y a riesgo palabras pone
                 de su padre y rey, merece...

Sigismundo   ¿Puédesme dar más castigo
              que el que ahora usas conmigo?

Rey Paso.

Sigismundo Si intentas...

Rey ¡Parece
que los daños que prevengo,
te dan causa de atreverte!
Pues si eres príncipe, advierte
que otros hijos sin ti tengo
que me sucedan después,
y que sabré a alguna alteza,
cortándole la cabeza,
humillarla hasta mis pies.

(Vase el Rey.)

Sigismundo Eres padre. No ha lugar
a que contra ti me ofenda.

(Al irse Sigismundo pasa por junto a Lisena y hablan aparte.)

¡Ay mi bien!

Lisena ¡Ay cara prenda!

Sigismundo Todo esto es disimular.

Sancho (Aparte.) (No entiendo aquestas enimas.)

Alberto Vamos, Condes.

(Hablan aparte Diana y Lisena.)

Diana	¡Qué discreto
	guarda el príncipe el secreto,
	Lisena, que en él estimas!
Lisena	Prudentemente ha fingido
	lo que que me case siente.
Fisberto (Aparte.)	(Estorbé este inconveniente
	dando a Diana marido.
	Ahora que tiene dueño,
	el mirará por su honor.)
Sancho (Aparte.)	(¡Ay inconstante favor,
	cera al Sol, tesoro en sueño!
	¿Privar hoy y temer ya?)
Gascón (Aparte.)	(¡Gentil enredo va urdido!)
Sancho (Aparte.)	(¡De mí el príncipe ofendido!
	¡Válgame Dios! ¿Qué será?)

(Vanse todos. Sale el marqués Enrique.)

Enrique	Dos meses ha que importuno
	y ausente, Amor, te has cansado,
	porque ausente y olvidado
	ya yo sé que todo es uno.
	Principios tuve dichosos
	que habrá deshecho la ausencia,
	pues siendo correspondencia
	los deseos amorosos
	que la firmeza celebra,
	¿quién los fiará de mujer
	si en la ausencia es mercader

que en faltando el caudal, quiebra?
　Bien llamarte fuego intenta,
Amor, quien tus llamas siente
porque el fuego al que está ausente
ni le abrasa ni calienta.
　Y al cabo de tantos días
que Lisena no me vio,
¿quién duda que no dejó
mi amor, ni aun cenizas frías?
　Mandóme que fuese el rey
a ver al emperador;
partí por su embajador;
su gusto tuve por ley.
　Y habiendo en principios sido
venturoso pretendiente
de su amor, estando ausente,
ya todo se habrá perdido;
　pues consintiendo en ventura
el amar y el pleitear,
¿Qué suerte puede esperar
el que pierde coyuntura?
　Si otra vez mi dicha pruebo,
bien sé que mi amor dirá:
«Pretendiente que se va,
que vuelva a empezar de nuevo.»
　Hacedlo ansí, pensamientos;
que cuando halláis derribada
la fábrica comenzada,
en pie os quedan los cimientos.

(Sale Gascón, sin ver a Enrique.)

Gascón　　　¡Brava máquina levanta
　　　　　　sobre un engaño el Amor!

	Peón soy de esta labor.
	Cantera traigo que espanta.
	Al príncipe vengo a dar
	un recado de Lisena
	que es la cal de aquesta arena
	con quien se intenta mezclar;
	y temo, aunque ando a destajo,
	si el rey sabe este edificio,
	que la obra ha de hacer vicio
	y ha de cogerme debajo.
Enrique (Aparte.)	(Éste pienso que es criado
	del padre de quien adoro.
	Lo que sospecho e ignoro
	sabré de él.) Hola, hombre honrado.
Gascón	Hombre, sí; que esotro no.
Enrique	¿No sois honrado?
Gascón	Con «hola»
	no, que la honra viene sola;
	y como «hola» me llamó,
	no puedo ser hombre honrado;
	que las «honras», como es cierto,
	se suelen hacer a un muerto,
	pero nunca a un «oleado».
Enrique	¡Buen humor gastáis!
Gascón	Por casto
	los malos sudé primero
	y a falta de otro dinero
	humor es solo el que gasto.

Enrique	¿No servís vos a Fisberto?
Gascón	Inmediatamente, no: sirvo a sus caballos yo porque los pulo y concierto.
Enrique	¿Sois lacayo suyo, en fin?
Gascón	En fin, no lo quiera el cielo. Ser despensero es consuelo que esotra plaza es ruín. Basta que hasta aquí me vea dando sus caballos ripio y ser lacayo al principio sin que al fin también lo sea.
Enrique	A estar en mi casa vos, yo os cumpliera ese deseo porque en vuestro trato veo donosas cosas, por Dios. No debéis de conocerme.
Gascón	Si os saco por el olor, me vais oliendo a señor. Y si es que habéis menesterme entre discreto y bellaco os serviré de podenco para todo lo mostrenco; que por el olor lo saco. Porque nunca los señores, sino en las comedias, hablan con lacayos, si no entablan por sus medios sus amores.

Enrique	Vos habéis dado en lo cierto.
Gascón	¡Miren si lo dije yo! / Si es Diana la que os dio / en las mataduras, muerto, / o matado estáis en vano, / porque todo su desdén / paró en casarse, aunque bien, / con uno, que ni es verano / ni invierno.
Enrique	¿Casada está?
Gascón	Como venís de camino, / en todo sois peregrino. / La mano a don Sancho da / de Urrea, y es ya duquesa / de Florabel y Alba Real.
Enrique	Es don Sancho muy leal, / y la sangre aragonesa / que ser le dio conocida, / y de reyes decendiente.
Gascón	Si fuérades maldiciente, / hiciérades de su vida / otro Flos Sanctorum.
Enrique	Soy / de don Sancho muy amigo / y de sus hechos testigo.
Gascón	Las gracias por él os doy

	y colijo que no estáis
	de Diana enamorado
	pues celos no os han picado,
	y a su marido alabáis.

Enrique   Acertáis como discreto.

Gascón   Según eso, de Lisena
                debéis de ser alma en pena,
                y que lo erráis os prometo;
                  que aunque el gusto os alborota
                por las galas con que viene,
                dicen que mas faltas tiene
                que seis juegos de pelota.
                  Yo, como ladrón de casa
                y que hablo con las doncellas
                tal vez que asisten con ellas,
                sé lo que en aquesto pasa.
                  Si adoráis madejas rizas
                de sus espurios cabellos,
                ajenos son los mas de ellos;
                trae pantorrillas postizas;
                  tiene muchos excrementos,
                muchos hoyos de viruelas;
                hase sacado tres muelas
                de achaque de corrimientos.
                  Tiene giba, bien que es poca,
                calza diez puntos de pie,
                y lo peor que de ella sé
                es que la olisca la boca.
                  Y con todo eso, mil locos
                andan muertos por su amor,
                y estimaran por favor
                que les diera un par de mocos.

| | Principalmente anda muerto
cierto título por ella,
que por casarse con ella
habló a su padre Fisberto. |
|---|---|
| Enrique | ¿Cómo? qué decís? ¿Quién es
quien se casa con Lisena? |
| Gascón (Aparte.) | (¡Picóle!) |
| Enrique | Aquesta cadena
ha de ser el interés
   por quien me habéis de decir
quién es el que se desposa. |
| Gascón (Aparte.) | (No hay cosa mas provechosa
como un discreto mentir.)
   Ello ha de ir por aquí ya
aunque entredicho me han puesto.
Sabed que es el duque Arnesto
el que concertado está,
   y el que a excusas de su padre
ha hecho las escrituras. |
| Enrique | ¡Ciertas son mis desventuras! |
| Gascón | Si celos son mal de madre,
   y vos os sentís celoso,
una tostada tomá...
y tras ella... |
| Enrique | Calla ya,
coronista malicioso;
   que aunque la ausencia cruel |

                        haya podido mudarla,
                        solamente ha de gozarla
                        el marqués de Oberisel.

(Vase Enrique.)

Gascón   ¡Oste, puto! ¿El conde es éste
                        de Oberisel? El sobrino
                        del rey? ¡A mal tiempo vino!
                        Paciencia el príncipe preste,
                           si Enrique hablando a Fisberto
                        quiere ser el desposado;
                        que éste ama a lo declarado,
                        y el príncipe a lo encubierto.
                           Por disuadirle su amor,
                        faltas en ella fingí
                        y el picón al marqués di
                        del nuevo competidor
                           que con Lisena se casa.
                        A muchas cosas me atrevo;
                        pero todo se lo debo
                        al príncipe; pues si pasa
                           adelante este embeleco,
                        se trueca en reales y escudos,
                        Gascón, lacayo en menudos.
                        ¿Paréceles barro el trueco?

(Sale Sigismundo.)

Sigismundo (Aparte.)   (Amor, de este laberinto,
                        si tú la mano me das,
                        saldré seguro.) ¿Aquí estás,
                        Gascón?

Gascón Como se lo pinto.

Sigismundo Quimeras dificultosas
ha levantado mi amor.

Gascón De príncipes es, señor,
intentar terribles cosas.
  Diana y Lisena están
en este engaño conformes
y dicen que te transformes
en un fingido galán
  de Diana, y en nombre suyo
corresponderá Lisena
entreteniendo tu pena
para que si el padre tuyo
  acaso tu amor supiere,
vea que es mujer casada
la dama que es de ti amada
y que si casarte quiere
  con Leonora, no podrá
impedirlo aqueste amor.
Dejando a salvo su honor,
licencia a aquesto te da;
  que a trueco de ver su hermana
reinar en Bohemia, intenta
tomar su amor por su cuenta
y así, ya sea en la ventana,
  ya en papeles, ya en acciones,
y sujeto de tu amor
es Diana en lo exterior,
si bien en las intenciones
  Lisena tu gusto obligue.
Será amor en tal quimera,
«a ti te lo digo, nuera...»

	y lo demás que se sigue.
Sigismundo	¡Qué de ello debo a Diana! El cielo me favorece; premio excelente merece quien hace tan buena hermana. Fingirme su galán trato, y con debido secreto guardar el justo respeto que pide el cuerdo recato de don Sancho, que es su esposo y el vasallo más leal de Bohemia, y haré mal si vive por mí celoso.
Gascón	A eso voy; que es cosa llana si le damos ocasión, que ha de echar el bodegón don Sancho por la ventana. Yo estoy en casa, y por mí pasará aqueste embeleco; que soy como puerto seco. Lo que la he de decir di; que aguarda como a las doce la campana el motilón.
Sigismundo	Esta noche mi afición quiere que la dicha goce de que hable a la ventana. Dile a mi Lisena bella que salga a las once a ella, que se finja Diana; que por ella la he de hablar.

Gascón	Basta, que en esta quimera
	es Gascón la lanzadera.
	¡Alto; urdir, y enmarañar!

(Vanse los dos. Salen el Rey y Alberto.)

Alberto	Luego que vio a Leonora Sigismundo
	y en ella el cielo mismo trasformado,
	trocó el primero amor por el segundo;
	y la infanta, que es toda amor y agrado,
	si tibia su descuido la tenía,
	desvelos dio de nuevo a su cuidado.
	Yo que la truje, gran señor, de Hungría
	y en la continuación de su presencia,
	veneno daba al alma cada día.
	No pude hacer tan fuerte resistencia
	que no diese esperanzas al deseo,
	bien que pagando costas la paciencia;
	pero, pues la ama Sigismundo, y veo
	que ella se muestra noble, agradecida
	a tu palabra y su amoroso empleo,
	de pensamientos mudaré y de vida;
	que no imposibles del amor escojo,
	ni en tus remos la paz es bien que impida.
	Si me perdonas el pasado enojo
	y esta mano me pones en los labios,
	ya que a tus pies con humildad me arrojo
	jamás saldrá de tus consejos sabios
	mi debida obediencia ni, atrevidos,
	ofenderán tus canas mis agravios.
Rey	A defetos, Alberto, conocidos,
	siendo yo padre, no hay dudar que ofrezca
	abrazos por enojos, entre olvidos;

        que el príncipe, ya cuerdo, no aborrezca
lo que tan bien le está, me satisface,
y que a su amor Leonora el suyo ofrezca;
        pero no los extremos con que hace
Sigismundo que entienda el caso poco
que de lo mucho que le quiero nace.
        Di a Diana a don Sancho porque loco
con desigual amor, ofensa hacía
a mi palabra real; y aunque no toco
        otros inconvenientes que podría,
basta la enemistad que ocasionaba
entre Bohemia, y su vecina Hungría.
        Por esto, ¿es bien cuando de ver acaba
la infanta, que me dices que ya adora,
y en su hermosura mi elección alaba,
        viendo a don Sancho con Diana agora,
en nudo conyugal e igualdad cuerda
público hacer lo que mi corte ignora?
        ¿El respeto es razón que así me pierda
el príncipe? ¡A su padre, Sigismundo!
¡Bien su obediencia con mi amor concuerda!

Alberto   No en tanta culpa como juzgas fundo
su repentino enojo, si prudente
miras la mocedad que diste al mundo.
        Vio a su dama casada de repente,
llegando en tal suceso descuidado;
quísola bien; no sale fácilmente
        amor en muchos días arraigado.
Sintiólo. ¿Qué te espantas? Ya se olvida,
y el alma a su Leonora ha dedicado.

Rey   ¿Es muy hermosa?

Alberto (Aparte.)   (Aquí venís nacida,
               mentirosa invención.) Es un retrato
               de Lisena.

Rey   ¿De quién?

Alberto   No vi en mi vida
          en el cuerpo, en la cara, y en el trato
          dos símiles tan grandes. Esto es cierto.
          La verdad verás presto que te trato.

Rey   ¿De Lisena, la hija de Fisberto

Alberto   Ésa es otra Leonora, otra belleza,
          y un tanto monta suyo.

Rey   Suele, Alberto,
          de cuando en cuando hacer naturaleza,
          aunque es en variar tan admirable,
          igual conformidad de su destreza.
             No es el primero ejemplo —aunque es notable—
          el que has visto en Leonora y en Lisena.
          Siempre la semejanza ha sido amable.
             Pero ¿cómo la infanta entrar no ordena
          en mi corte?

Alberto   De industria lo dilata;
          que su hermano, señor, la trae con pena.
             Vladislao, a quien la suerte ingrata
          en lo último tiene de la vida,
          antes que el tiempo el oro trueque en plata,
             es la ocasión que de su boda impida
          las fiestas que la aprestas, por agora,
          porque quiere que en todo sea cumplida

	si muere Vladislao, y triste llora
su joven falta, cuando el reino hereda,
¿cómo podrá gozar fiestas Leonora?
Rey	Es la infanta muy cuerda. Tiempo queda
en que heredando el reino, que ya es cierto,
con sus bodas mi corte alegrar pueda.
Iréla a visitar mañana, Alberto,
por ver lo que a Lisena se parece.
Alberto	Y está puesto en razón.
Rey	Saldré encubierta.

(Alberto mira adentro.)

Alberto	El príncipe es aquéste.
Rey	Pues se ofrece
a tan buena ocasión, hablarle a solas
pretendo. Véte, infante.
Alberto (Aparte.)	(Alegre crece
mi tímida esperanza entre tus olas,
Amor, piélago inmenso. Dame ayuda
pues sigo las banderas que enarbolas.
No mudes tu bonanza. Si se muda
el mar que con borrascas se levanta,
el viento en popa de tu gracia acuda.
La infanta quiero, Amor; dame la infanta.)

(Vase Alberto. Sale Sigismundo, por una puerta, y don Sancho por otra, y quédese viendo al Rey hablar con el príncipe Sigismundo.)

Sancho (Aparte.) (El príncipe se ha indignado
porque de Diana soy
dueño, y aunque de ella amado,
si fe, sospechas, os doy
armas daré a mi cuidado.
   Mas el rey está con él.
A darle satisfacción
venía... sospecha cruel,
dejad mi imaginación;
que alteráis su quietud fiel.
   No revolváis tantas cosas,
todas contra mi sosiego;
que si pasiones celosas
de amor altera el fuego,
mis penas serán forzosas.
   Oír quiero lo que tratan.)

Rey   Príncipe, si a libertades
que descompuestas maltratan
las reales autoridades
y de amor las llamas matan,
   hubiera de dar castigo.
Mi enojo experimentaras,
no hijo, sino enemigo,
tanto que otra vez no osaras
descomponerte conmigo.
   Mas soy tu padre, y así
templo leyes del rigor,
que me inclinan contra ti
porque está embotando Amor
hilos que al enojo di.
   Hámele en parte templado
el haberme dicho Alberto
que de opinión has mudado,

      y si, como afirma, es cierto
      que a Leonora el alma has dado
       y dejando otras quimeras,
      hacer mi gusto codicias
      trocando burlas en veras,
      yo te perdono, en albricias
      de que ya a la infanta quieras.

Sigismundo   No puedo negar, señor,
      que cuando en Diana vi
      menospreciado el amor
      que la he tenido...

Sancho (Aparte.)   (¡Ay de mí!
      ¿Qué oís, combatido honor?)

Sigismundo   Sin consultar la prudencia
      que justos respetos mira,
      ofendí tu real presencia
      dando ocasión a tu ira
      mi alterada inadvertencia.
       Mas lo que mi dicha gana
      conozco y que se mejora
      mi elección, hasta aquí vana,
      pues restauro con Leonora
      lo que perdí con Diana.

Rey   No con eso satisfecho
      das sosiego a mi cuidadado.
      Experiencia larga he hecho
      que de un amor arraigado
      reliquias conserva el pecho.
       Nunca sale de raíz
      una pasión encendida;

que en el hombre más feliz,
aunque se sane la herida,
se queda la cicatriz.
   Solo en ti no ha de haber tal;
porque tu amorosa pena
ha de ser —o haráslo mal—
como quien pisa la arena
para borrar la señal.
   Ya yo sé que de tal suerte
Diana te dio cuidado,
que a no impedirlo la suerte,
tú vivieras mal casado
y aceleraras mi muerte.
   Lo que en el jardín pasó
sé también, y que por poco
te hallara en él, cuando entró
Fisberto, y de tu amor loco
los claros indicios vio.
   Él, con prudencia y recato,
dio a su hija igual marido,
y ella a ti te da en barato,
pues juego su amor ha sido,
este papel y retrato.
   Don Sancho es noble y leal;
Diana es ya su mujer.
Tú tienes esposa igual;
ángel de guarda ha de ser
suya mi respeto real.
   Si contra su honor porfías
y otra vez encender piensas
memorias que afirmas frías,
de don Sancho las ofensas,
no son suyas, sino mías.
   Ella tiene esposo honrado,

y para que no la ofendas,
tu papel te da, y traslado;
que pues te vuelve las prendas,
su amor ha desempeñado.
    Si en papeles y pinturas
censo su amor quiso echar
y redimirle procuras,
ya como censo al quitar
te vuelve las escrituras.
    Rásgalas; que en esto fundo
tu dicha, y no seas ligero;
que en agravios, Sigismundo,
si te perdono el primero,
no sé lo que haré al segundo.

(Déjale al príncipe el papel y el retrato, y vase.)

Sigismundo (Aparte.)   (Todo lo va haciendo Amor
a medida del deseo.)

Sancho (Aparte.)   (¡Ay sospechoso temor!
¡Que mala información veo
sustanciar contra mi honor!
    Jardín, retrato y papel
tienen mi ventura en calma,
siendo en pleito tan cruel
tres enemigos del alma,
y tres testigos en él.
    ¿Esto es, cielos, ser casado?)

(Sale Gascón.)

Gascón   Brevemente, que me llama
cierta prisa...

Sancho (Aparte.)　　　　(¿No es criado
　　　　　　　　　de mi casa éste?)

Gascón　　　　　　　　　　...a tu dama
　　　　　　　　　di, príncipe, tu recado,
　　　　　　　　　　y responde que te espera
　　　　　　　　　esta noche en la ventana.
　　　　　　　　　Prosigue con tu quimera,
　　　　　　　　　y hablarás una Diana
　　　　　　　　　que es tercera y es primera;
　　　　　　　　　　Que aunque en casa hay nuevo dueño;
　　　　　　　　　tú eres más antiguo en ella,
　　　　　　　　　y estotro en tiempo pequeño,
　　　　　　　　　aunque tiene esposa bella,
　　　　　　　　　por más bello tendrá el sueño,
　　　　　　　　　　pues no hay más blandos colchones
　　　　　　　　　para dormir, que los años.

Sigismundo　　　　Gascán, las obligaciones
　　　　　　　　　pagaré de estos engaños.

Gascón　　　　　　Honrarás a los gascones.
　　　　　　　　　　¿Qué es lo que metes ahí?

Sigismundo　　　　El retrato y el papel,
　　　　　　　　　que a mi amado dueño di.

(Hace que los echa en la faltriquera y cáensele al suelo.)

Gascón　　　　　　Que diera en tierra por él
　　　　　　　　　esta máquina entendí;
　　　　　　　　　　pero bien se ha remediado
　　　　　　　　　a costa de un casamiento

	un condado y un ducado.
Sigismundo	Diérale yo, Gascón, ciento, por salir de este cuidado. Vamos, que ya es tarde, y quiero vestirme de noche.
Gascón	Y yo, que te sirvo de tercero, ¿tengo de medrar?
Sigismundo	¿Pues no?
Gascón	¿De lacayo a caballero? ¡Bravo salto!
Sigismundo	Ya te vieras rico, si no me importara tanto, Gascón, que estuvieras en su casa.
Gascón	Es cosa clara, porque a no estarlo, no hubieras logrado tanta fatiga. Si medro de aquestas trazas, por armas pondré una higa, y a sus lados dos almohazas con una letra que diga: «Para Carola.»
Sigismundo	¿A qué fin?
Gascón	Háceme trampas.

Sigismundo   ¿Y tú
          las sufres?

Gascón   No, que es ruín.
          Escupióme y dijo: «¡puh!».
          Testigo todo un jardín.

(Vanse los dos.)

Sancho   Qué bien, honra, os acomoda
          el rey, autor de mi queja,
          pues casándome, aun no os deja
          gozar el pan de la boda!
          Mi tragedia escuché toda.
          ¡Nunca el rey me diera estado,
          mujer, privanza y ducado!
          Pues si me desacredita
          y advierte lo que me quita,
          ¿qué vale lo que me ha dado?
            La mujer más noble y bella
          ¿qué valor nunca ha tenido;
          pues al más bajo marido
          le dan dineros con ella?
          La privanza que atropella
          títulos, ¿de qué interés,
          cielos rigurosos, es,
          pues en el más alto puesto
          para que caiga más presto,
          de grillos sirve a los pies?
            ¿De qué estima es el estado
          que el rey puede dar mejor?
          ¿Ni qué valdrá, si el honor
          cae por él de su estado?
          Honra, cuanto nos han dado,

todo os incita a caer:
La privanza es Lucifer
que cae al paso que sube,
el estado rayo en nube,
torre en viento la mujer.
  El retrato y papel son
éstos que a mis pies están.
Cayéronsele, y querrán
a mis pies pedir perdón.
Mas no; que en esta ocasión
donde su ser mi honra pierde,
áspid entre la flor verde
mi desventura los llama;
que porque muera mi fama,
sube al pecho, y el pie muerde.
  Casóme el rey sin mi gusto;
Diana es moza y hermosa,
mi edad poco apetitosa
lazo desigual e injusto;
mozo el príncipe y robusto
sin respetos el poder;
él amante, ella mujer,
y conformados los dos...
Honra, sospechadlo vos;
que yo no os oso ofender.
  En el jardín ¿no se vieron?
¿Luego es cierto? Calla, lengua;
que publicarán mi mengua
las paredes que te oyeron.
¡Ay cielos! Si allí estuvieron...
y el príncipe gozar pudo...
Al pronunciar esto, un ñudo
de mi garganta es cordel;
mas dígalo este papel

      que da fácil y habla mudo.

(Lee.)   Mi padre el rey, prenda mía
      me da esposa, y no sois vos,
      como si Amor, siendo Dios,
      preciase estados de Hungría.

      No es deidad la tiranía.
      Ese atributo condeno;
      justicia guarda el que es bueno.
      De Diana soy señor.
      O no os llaméis dios, Amor,
      o no apetezcáis lo ajeno.

(Lee.)   Antes que llegue este día,
      esta noche Amor concierta
      daros la posesión cierta...

      ¿Qué aguardáis, sospecha fría?
      ¡Posesión! ¡Ay honra mía!
      ¡Justo temor os espanta!

(Lee.)   Porque en viniendo la infanta
      halle cerrada la puerta.

      La muerte la hallará abierta,
      si averiguo afrenta tanta.

(Lee.)   La mano os tengo de dar
      sin poner mi amor por obra;
      que no soy como el que cobra
      sin intención de pagar.

      Volved, honra, a respirar;

que si contra el común uso
su amor por obra no puso
y vos os quedáis en pié,
yo, honra, os defenderé
sin que me tengáis confuso.

(Lee.)   Solo os quiero asegurar
que en honesto amor me fundo.

Mentido habéis, Sigismundo,
pues me queréis deshonrar.
¿Qué crédito os puedo dar,
papel, viendo que mintió
la mano que os escribió?
¿A quién creerá, aunque lo ignora,
si intenta gozarla agora,
que entonces no la gozó?
  No leo más. En conclusión,
de mi sospecha haré alarde;
que no hay amante que guarde
palabras en la ocasión.
Valientes excusas son
las que este papel me enseña;
pero no es señal pequeña
las prendas que en contra están,
que adonde prendas se dan,
alguna cosa se empeña.
  Vos, retrato, habéis estado
en su poder y su pecho
y, habiendo asiento en él hecho,
la posada habéis pagado.
No sois vos el descartado,
sino yo; que a toda ley
si el Amor no guarda ley,

        ¿quién duda, aunque os halle aquí,
        que me descartará a mí,
        por quedarse con un rey?
           Esta noche se han de hablar.
        Ya Sigismundo previno
        el traje a su desatino.
        ¡Honor, hacer, y callar!
        El silencio sabe obrar;
        indicios he visto llanos;
        si a pensamientos livianos
        obras aplica en mi mengua
        Diana, calle la lengua
        porque el honor todo es manos.

(Vase don Sancho. Salen Diana y Lisena.)

Diana	En fin, ¿esta noche, hermana, viene Sigismundo a hablarte?
Lisena	Y el nombre tengo de hurtarte siendo solo en él Diana.
Diana	Provechosa es la invención.
Lisena	Sí, que si a saberlo viene el rey, que solo ojo tiene a que llegue a ejecución el casarle con Leonora; viendo que ya tú lo estás e impedirlo no podrás. Cuando sepa que te adora, reparará poco o nada; pues cuando te ame y le quieras, lo que doncella impidieras

	no lo has de impedir casada.
Diana	Deseo tanto, te prometo, esto de verte reinar, que en fin, como ha de durar poco, y con tanto secreto, consiento en aqueste engaño, como no toque al decoro de don Sancho; que le adoro ya como si hubiera un año que por dueño le deseara. Tan señor se hizo de mí que desde que no le vi como si un siglo tardara, maldiciones echo al Sol porque su curso no pasa; que en fin de noche está en casa.
Lisena	Es discreto y español. Hace gran ventaja España en amar, a otras naciones; que fértil es en varones.
Diana	Don Sancho, Lisena, engaña los años con el buen gusto, la alegre conversación, la apacible condicióon; y yo, en fin, que de esto gusto, vivo contenta y segura sin que me inquieten desvelos; que Amor mozo, todo es celos y el mío todo es ventura.
Lisena	¡Ay qué casada tan buena!

| | El Amor lleve adelante |
| | amor tan fino y constante. |

Diana   Y porque el tuyo, Lisena,
           no pierda ocasión por mí,
         irme y dejarte pretendo.
         Mi honra y nombre te encomiendo

Lisena   ¿Pones más que el nombre aquí?

Diana   ¡Corre riesgo, y me da pena!
         Guárdamele, y no te asombre
         porque quien tiene mal nombre,
         nunca cobra fama buena.

(Vanse las dos. Salen Alberto y Sigismundo, de noche.)

Alberto Hice al rey creer, en fin,
         que Lisena de la infanta
         era, príncipe, un retrato,
         y admirable semejanza.
         Creyólo, y determinó
         irla a visitar mañana
         a Valdefiores, en donde
         tendrán fin estas marañas.
         Leonora que mis deseos
         con otros iguales paga
         y procura reducirlos
         al yugo que Amor enlaza,
         sabe todas estas cosas,
         y a cuantos tiene en su casa,
         porque por ellos no pierda
         nuestra maranosa traza.
         Ha mandado que prosigan

con este engaño y aguarda,
para industriarla en el caso,
que lleves allá tu dama.
Comunicará con ella
las acciones y palabras,
que al rey tiene de decir
para que no caiga en falta;
y porque no se descubra
esta ficción por su causa,
encerrándose, no quiere
que entre nadie a visitarla.
Esto excusa con decir
que no es razón, siendo hermana
del príncipe Vladislao
cuya muerte malograda
sabe ya por cosa cierta,
dar a visitas entrada
divirtiendo el sentimiento,
que es justo la aflija el alma.
Como ha tan poco que vino
y llegó tan recatada
que no hay ninguno en Bohemia
que le haya visto la cara,
por todo el reino ha corrido
esa mentirosa fama
y todos creen en la corte
que en Lisena se retrata.
Lo que falta, hermano, agora,
es que con brevedad vaya
y a Leonora comunique,
pues es poca la distancia,
que supuesto que su padre,
de la corte y de su casa
ausentándose, se emplea

	ya en su hacienda, ya en la caza,
	diciendo que parte a verla
	y, ayudando a esto Diana,
	sin dar lugar a sospechas,
	dulce fin tendrán tus ansias.

Sigismundo   Peregrino ingenio tienes.
                      ¡Disposición extremada
                      y a medida de mi gusto!
                      Con Gascón haré avisarla;
                      que no fío este secreto,
                      aunque agora vengo a hablarla,
                      supuesto que oyen las piedras
                      de paredes y ventanas.
                      Mas oye, que viene gente.

(Hablan bajo los dos. Sale Enrique de noche.)

Enrique (Aparte.)   (¿Posible es, Lisena ingrata,
                      que en una ausencia tan corta,
                      olvidándome, te casas?
                      Mas es poderoso Arnesto.
                      Un duque ¿qué no contrasta?
                      Una ausencia ¿qué no olvida?
                      Un interés ¿qué no alcanza?
                      Quien no parece, perece.
                      Ausente el fuego, no abrasa;
                      anublado el Sol, no alumbra;
                      la ausencia es nube pesada.
                      Comenzábate a servir;
                      tú a quererme comenzabas;
                      si me ausente a los principios
                      y lo poco casi es nada,
                      ¿qué me quejo, qué te culpe?

           Maldiga Amor la embajada.
           El camino Amor maldiga,
           y al rey que de ella fue causa.
           Pero ¿qué gente es aquésta?
           Mas si el duque a Lisena ama,
           y es justicia Amor que ronda,
           mi pregunta fue excusada.
           Mataréle. Pero no;
           que si los celos me agravian,
           celos con celos se vengan
           no con desiguales armas.)
           ¡Ah de la calle! ¿Quién son?

Sigismundo   ¿Quién lo pregunta?

Enrique   Quien pasa
           desde el amor al olvido.

Sigismundo   ¡Extraordinaria distancia!

Enrique   ¡Notable! Pero vos, duque,
           sois oeasión de que la haya
           y que yo entre estos extremo
           experimente desgracias.

Sigismundo   ¿Yo soy duque? ¿Conocéisme?

Enrique   Disimuláis nombre y habla,
           duque Arnesto que, aunque a oscuras,
           los celos son luz del alma.
           Ya sé que tan adelante
           lográis vuestras esperanzas
           que Fisberto os da a Lisena
           y con vos honra su casa.

Sigismundo (Aparte.) (¿Cómo es esto?)

Enrique   Y también sé
que si en la de amor guardaran
antigüedades, pudiera
la mía haceros ventaja.
Escrituras tenéis hechas...
¡Ay cielos, quién las rasgara!
En secreto os casáis, duque,
celos públicos me matan.
Porque vuestro padre viejo
lo ignore, habéis dado traza
de casaros de esta suerte;
mas como nadie las guarda,
las plumas con que se hicieron
vuestras escrituras, andan
para publicarla a voces
en las alas de la faena.
A ser yo celoso al uso,
vuestras dichas estorbara;
favores mi amor fingiera
que a Lisena deshonraran.
Pero no lo quiera Dios;
que soy noble, y aunque ingrata
ella, es espejo de honor,
si ejemplo de la mudanza.
A servirla comencé;
principios tuve en su gracia,
auséntéme, entrastes vos,
y amores que no se arraigan,
hiélanse con una ausencia.
Casáos, Arnesto, gozadla
pues que sois más venturoso;

que cuando vos saquéis galas,
hagáis fiestas, deis libreas,
podrá ser, y Dios lo haga,
que os corte funestos lutos
la muerte que me amenaza.
Deudo soy cercano vuestro;
mas si amor deudas os paga
a letra vista de gustos,
y en Lisena os da libranzas,
¿qué os importará mi muerte?
Pues cuando sintáis mi falta,
nunca mucho costó poco.
Lo más caro más se ama.
Logre el cielo vuestra suerte;
que yo para no estorbarla,
de vos envidioso y de ella,
iré a repasar desgracias.

(Vase el marqués Enrique.)

Sigismundo   Alberto, ¿no escuchas esto?
¿No oyes que a Lisena casa
en secreto con el duque
su padre, y que desbarata
la máquina de mi amor?
¿No oyes confirmar palabras
en contratos y escrituras?

Alberto   Ya lo oigo.

Sigismundo   Pues ¿qué aguardas,
infante? Dame la muerte.
Saca aquese acero, saca
este corazón, primero

	que el duque con esto salga.
Alberto	No sé, por Dios, qué sospeche
de estas nuevas disfrazadas
sin conocer al autor
ni el efecto a que se causan.
El duque Arnesto es mi amigo
y hasta aquí no sé que haya
tenido amor, que es señal
que sale luego a la cara.
¿No podrá ser que éste sea
algún burlón de éstos que andan
dando picones de noche
y cifran su trato en gracias?
Sigismundo	No, hermano. Verdades son,
en mi daño averiguadas
todas cuantas éste ha dicho;
ni las finge, ni me engaña.
Alberto	Pues bien, cuando verdad sea,
Lisena ¿está ya casada?
¿Aborrécete por dicha?
Sigismundo	¡Ay Alberto! No sé.
Alberto	Calla,
y procura hacer de suerte
que a ver a Leonora vaya;
que si ella su intento ayuda
y te desposas mañana,
¿qué celos hay que te inquietan
ni qué escrituras que valgan
contra consumados gustos

	y dichas anticipadas?
Sigismundo	Es ansí; mas ¿qué sé yo si su padre y la mudanza habrán hecho lo que suelen?
Alberto	Gente siento a la ventana. Si es ella, buena señal, Sigismundo, es que te ama.
Sigismundo	¿Y si viene a despedirme?
Alberto	¡Bueno es que te persuadas a que Lisena es tan necia que más estimación haga de un ducado que de un reino!
Sigismundo	No sosegaré hasta hablarla.

(Sale don Sancho, como de noche, y Lisena, a una ventana.)

| Sancho (Aparte.) | (A desengaños tan ciertos
y a sospechas confirmadas,
¿de qué sirve, honor, buscar
tanto indicio, prueba tanta?
Pero si sois juez, hacedlas;
que todas son de importancia
hasta cerrar el proceso,
y ejecutar la venganza.
¿Si habrá el príncipe venido?
Mas éste es; que quien agravia,
y más en casos de honor,
diligente se adelanta.
La ventana está también |

	por mi deshonra ocupada.
	Escuchad, silencio cuerdo;
	que el dar voces es infamia.)
Lisena (Aparte.)	(Hablar sentí a Sigismundo.)
	¿Sois vos, Señor.
Sigismundo	¿Es Diana?
Lisena	Soy, y no soy.
Sigismundo	Ya lo entiendo;
	mi amor ese enigma alcanza.
Sancho (Aparte.)	(Sospechas, ya no hay excusa.
	No salieron, honor, falsas
	las nuevas de mis desdichas;
	que no mienten, si son malas.)
Lisena	¿Cómo estáis, mi bien?
Sigismundo	Quejoso.
Lisena	¿Por qué ocasión?
Sigismundo	Porque asalta
	mi ventura un dueño antiguo
	que me atormenta y os ama.
Sancho (Aparte.)	(Como soy su esposo yo,
	y dueño de aquesta casa,
	antiguo en años y en penas,
	su dueño antígno me llama.)

Lisena	¿Yo dueño antiguo y no vos?
Sigismundo	Sí, cruel, que me amenaza con casamientos que estorban el lograr mis esperanzas.
Sancho (Aparte.)	(¡De mi casamiento tiene celos! ¡Nunca se enlazara mi libertad, ya cautiva, en redes que el honor matan!)
Lisena	Yo no conozco otro dueño, ni mientras influya el alma vida en este corazón, como amor dentro de llamas reconoceré otro esposo, ni daré a otro amante el alma, que no fuere Sigismundo; si es querer probarme, basta.
Sigismundo	Luego el duque que os adora, ¿no es dueño vuestro?
Sancho (Aparte.)	(¿Qué os falta, sgravios, si a la vergüenza por las calles mi nombre anda? ¡Nunca el rey me hiciera duque!)
Sigismundo	Disculpas tendréis pensadas; diréis que de aquestas bodas es vuestro padre la causa.
Lisena	Príncipe, yo no os entiendo; si porque ya amáis la infanta

	andáis mendigando excusas, no me culpéis, y gozadla; que yo me daré la muerte.
Sancho (Aparte.)	(¡Celos le pide la ingrata!)
Sigismundo	Diana, si es que a mi amor queréis dar debida paga, ocasión se ofrece.
Lisena	¿Cómo?
Sigismundo	Gozándoos.
Lisena	¿Cuándo?
Sigismundo	Mañana.
Lisena	¿Dónde?
Sigismundo	Yo os lo avisaré; que en la calle es ignorancia fiar secretos a piedras que tienen ecos y hablan. Estad, mi bien, prevenida y, pues no teme quien ama, no temáis inconvenientes y adiós, porque vienen hachas.

(Vanse Sigismundo y Alberto.)

Lisena	¿Qué celos, cielos, son estos que mi dicha desbaratan? Aguardar quiero este aviso,

          y de él sabré estas marañas.
          ¿Qué duque es éste, que dice
          Sigisinundo, que me llama
          su esposa? Confusa voy.
          ¡Ay noche! ¡Qué de ello engañas!

(Vase Lisena.)

Sancho   Fuése el príncipe, y entróse
          la que ocasiona mi infamia
          y ciega se determina
          quitarme el honor mañana.
          ¡Válgame Dios! ¡Que las leyes
          del mundo fundado hayan
          la honra en una mujer!
          ¡En una pluma liviana
          el honor de tanto peso!
          ¡Cielo! ¿El matrimonio ata
          con una tan frágil cuerda
          que la más fuerte es de lana?
          A cabo de tantos días,
          honra por mí conservada,
          con tanta industria adquirida,
          ilustre con tanta hazaña,
          ¿un pensamiento os destruye?
          ¿Un soplo liviano os mata?
          ¿Un poco de viento os quiebra?
          ¿Una mujer os maltrata?
          Mas sois de vidrio; ¿qué mucho
          que si os derriba una ingrata,
          cayendo el vidrio se quiebre,
          y el honor pedazos se haga?
          Mañana me ha de afrentar;
          mañana ha dado palabra

de poner mi mal por obra.
Corta es, honor, la distancia.
Dadle la muerte. Mas ¿cómo?
Si ve el vulgo mi venganza
y estando hasta aquí secreto
mi agravio, le saco a plaza,
¿satisfaráse ansí? No,
que aunque mas le satisfagan,
en público siempre queda
la señal donde hubo mancha.
Secretos, buscad remedios;
discurrid, industria honrada.
No sepa de mí ninguno
cosa con que me dé en cara.
No ha de haber quien imagine
que una mujer alemana
osó afrentar atrevida
la honra y valor de España.
Pues si hoy no la doy la muerte
ha de afrentarme mañana;
si la mato, pregonera
saldrá en mi ofensa la fama.
¡Ah peligros del honor!
¡Nunca yo experimentara,
a costa de mi sosiego,
los daños que me amenazan!

(Salen Gascón, con un hacha encendida.)

Gascón   Esto de aguardar señores
                en el patio y con un hacha
                hecho cofrade de luz,
                por Dios, que es cosa pesada.

(Sale Carola.)

Carola: Gascón, ¿ha venido el duque?

Gascón: ¿Quién lo pregunta?

Carola:
Quien anda
buscando achaques por verte,
Gabacho de mis entrañas.
Un siglo ha que estoy sin ti.
Esto de tener en casa
dueño nuevo, descomulga
de los pajes las criadas;
y tú, como no me quieres
por ocasiones que haya,
aunque hecha un argos me veas
por corredores y salas,
sin volver a mí los ojos
como si yo te injuriara.
Como silla de dosel
te hallo siempre de espaldas.

Gascón: Hágase allá. No me toques.

Carola: ¡Ay traidor! ¿Ansí me tratas?
Pues ¿por qué?

Gascón:
Como es-Carola,
sopean muchos su ensalada.

Carola: ¿Celitos?

Gascón:
Hágase allá;
que la esconderé esta daga,

	si llega, en los menudillos,
	por lo que tiene de vaina.
Carola	Si te he ofendido en mi vida,
	un rayo del cielo caiga
	sobre... sobre...
Gascón	¿Quién?
Carola	El turco.
Gascón	Linda pieza, buena lanza,
	¿qué es del listón que la di
	para la cruz, esta pascua,
	a costa de dos raciones?
Carola	¿Listón?
Gascón	No estoy para gracias.
Carola	¿El de carne de doncella?
Gascón	Ése mismo, mula falsa;
	que pierde en ella ese nombre
	y no quiero que le traiga.
	¿Qué es de él?
Carola	Como me sangré
	de un tobillo, estando mala
	ayer, sirvióme de cinta;
	y el barbero, que mal haya,
	dijo que eran gajes suyos,
	y dísele.

Gascón	Si se sangra con barberos de palacio y listón, a fuer de dama, pique; que no pico yo vena que está tan picada por jardineros bufones.
Carola	¡Ay qué testimonio!
Gascón	Vaya, y no haga caso de mí, que soy...
Carola	¿Qué, Gascón del alma?
Gascón	Soy un puerco socarrado qunque ella no me socarra; un monazo de Tolú, y como seca en garganta, soy escupido.
Carola (Aparte.) (Aparte.)	(¡Oste, puto!) Gascón, ésa ha sido maula. (Sopla vivo ha andado aquí.) No hagas caso de palabras, borreguito de mi vida.
Gascón	¡Vive Dios...!
Carola	No chero: encaja.

(Tómale la barba a Gascón.)

Gascón	¡Que me engaite aquésta ansí!

Carola	¡Ay, pichón...! ¡Ay qué barba! No te ofenderé otra vez, por esta bendita.
Gascón	Basta. ¿Querrásme, mucho?
Carola	Mu... chísimo.
Gascón	Si tanto en el «mu» te tardas, vive Dios, que a perder me eches. ¿No ves lo que en «mu» me llamas?
Carola	Habló el buey, y dijo «mu».
Sancho (Aparte.)	(¡Miren cuál anda mi casa! Mas ¿qué mucho? Siempre imitan las criadas a sus amas.)

(Llegándose a Gascón y Carola.)

¿Qué es esto?

Carola	Gascón, señor...
Gascón (Aparte.)	(Cogido nos ha en la trampa.)
Sancho	¿Qué hacéis los dos aquí agora?
Gascón	Que vinieses aguardaba, para alumbrarte.
Carola	Yo vengo,

                        como tanto te tardabas,
                        a saber si habías venido.
                        Mi señora me lo manda;
                        que está llena de recelos
                        y te espera desvelada.

Sancho   Andad, subios allá arriba.

(Vase Carola. Gascón quiere también retirarse, y don Sancho le llama.)

Sancho   Gascón.

Gascón   ¿Señor?

Sancho   En España
                        no se usa hablar los criados
                        con las doncellas de casa
                        tan familiarmente.

Gascón   Acá,
                        la llaneza de Alemania
                        todo esto, señor, permite.

Sancho   ¡Es su gente en todo llana!
                        No estés en mi casa más.
                        Al mayordomo id mañana;
                        pagaráos lo que se os debe.

Gascón   Si otra vez me vieres...

Sancho   Basta.
                        No subáis esta escalera
                        de aquí adelante...

Gascón (Aparte.)   (¡Qué extraña
                            condición!)

Sancho   Porque en subiendo,
                            bajaréis por la ventana.

Gascón (Aparte.)   (De volatín me gradúa.)

(Salen Diana y Carola.)

Diana   Mi bien, esposo quien tarda
                   tanto en principios de gustos,
                   poco quiere.

Sancho   ¡Oh, mi Diana!
                   Todas éstas son pensiones
                   del palacio y la privanza.
                   Yo me enmendaré otra vez
                   siquiera por no dar causa
                   q que bajen a buscarme
                   a la puerta las criadas;
                   que es bien estén recogidas.

Diana   Yo me doy por avisada.

Sancho (Aparte.)   (Disimulad, cuerdo honor;
                   vamos, discreta venganza.
                   Sin lengua os he menester
                   porque el prudente hace y calla.)

(Vanse don Sancho y Diana.)

Gascón   Carola.

Carola	¿Qué hay?
Gascón	Despedido soy...
Carola	Dios le ayude.

(Vase Carola.)

Gascón ¡Oh, borracha!
¡Ayude! ¿Estornudo yo?
¡Medrado, por Dios, quedaba
a no tener de repuesto
un principazo! Bien haya
el que tiene dos oficios.
Ya renuncio el de las calzas.

Fin de la segunda jornada

Jornada tercera

(Salen Lisena y Diana.)

Lisena
      Hoy se truecan los temores
que te tienen con tristeza,
Diana, en gustos mayores.
Hoy han de llamarme alteza
las dichas de mis amores.
   Hoy ha de envidiarme el mundo
las glorias que en mi amor fundo
y mi suerte venturosa
me tiene de ver esposa
del príncipe Sigismundo.
   La infanta me envía a llamar;
vestida estoy de camino
porque he de representar
de un ingenio peregrino
una traza singular.
   Que me parezco a Leonora
piensa el rey; Gascón agora
en cochero convertido,
a darme cuenta ha venido
de esta industria enredadora.
   Mas si ya te lo he contado,
¿para qué te lo repito?
Tú, hermana, el reino me has dado;
en bronce la fama ha escrito
el amor que me has mostrado.
   Tú has de reinar, que yo no;
pues jamás el mundo vio
hermana que tal hiciese
ni a tal riesgo se pusiese
cual tú, porque reine yo.

¿No celebras mis venturas?
¿No sientes el bien que siento?
¿Abrazarme no procuras?

Diana   Con la sobra del contento
estás diciendo locuras.
   Hasta que el fin de tu amor
asegure me temor,
no gusto, hermana, de nada;
que esta muy enmarañada
y dudosa esta labor.
   Parte, Lisena, en buen hora
y Amor tu suerte asegure.
Habla a la infanta Leonora
y ¡ojalá no se conjure
de la Fortuna traidora
   la inconstancia contra ti!
Que para premiarme a mí,
basta el ver que siendo alteza,
a coronar tu cabeza
te saca el cielo de aquí.
   Mi padre está en el aldea
de Florel, y ansí diré
a mi don Sancho de Urrea
que a verle vas, porque sé
que tenerte allá desea.
   Melancólico anda, hermana;
pensativas suspensiones
hacen mi dicha tirana.
Elévase en las razones;
no come de buena gana;
   mal esta noche ha dormido;
óigole hablar entre sí
aunque nada he percebido.

	¿Que he de hacer, triste de mí?
	si algo de aquesto ha sentido,
	y sospechas del honor
	mi crédito en duda han puesto?

Lisena   Desenganos de mi amor
desharán, hermana, presto
las nubes de ese temor.
    ¿Hase mostrado alterado?
¿Mírate, el rostro torcido?
¿Cáusale el hablarte enfado?

Diana   Don Sancho es cuerdo marido
y el cuerdo es disimulado.
    No solo no me aborrece,
sino que aumenta favores,
galas y joyas me ofrece,
dícemc tiernas amores
con que el que le tengo crece.
    Si pregunto qué ocasión
le tiene tan pensativo,
sus brazos respuesta son
en que amorosa recibo
segura satisfacción.
    Al palacio y la privanza
culpa y eso debe ser
porque ninguno la alcanza
que no le inquiete el temer
vaivenes de la mudanza.

(Sale Gascón, de cochero.)

Gascón   Ce, Lisena; ce, Diana!
¿Hay coco de quien temblar?

Lisena	Entra.
Gascón	De bellaca gana; que nunca aprendí a saltar y es muy alta esta ventana.
Diana	Fuera está don Sancho.
Gascón	Pues, dos damas de nuestra infanta y un coche, esperan que des principio a ventura tanta. Alto, a subir, pues me ves en cochero convertido.
Lisena	Hermana, dame esos brazos.
Gascón (Aparte.)	(Carola, ¿adónde te has ido? Pagaréte a latigazos aquel «pu», que me ha escocido.)
Diana	¿Adónde está el coche?
Gascón	Está a la puerta del jardín. Ya es tarde. Acabemos ya; que ha de hacerme volatín don Sancho si vuelve acá y dame prisa esta pena.
Diana	Vamos; que te quiero ver partir a ocasión tan buena que princesa has de volver

yendo no más que Lisena.

(Vanse, y sale don Sancho.)

Sancho
En peligro, honra ofendida,
por una mujer andáis.
a la muerte, mi honra, estáis;
hoy no más os dan de vida.
    ¡Qué sana os conocí yo!
¡Con qué contento y quietud!
Mas la honra y la virtud,
¿cuándo en la mujer duró?
    ¡Ay leyes fieras del mundo,
de las de Dios embarazo!
¿Que hoy no más os da de plazo,
honra mía, Sigismundo?
    ¿Que hoy os tiene de dar muerte?
¿Que no admite apelación
su cruel ejecución?
Buscaba una mujer fuerte
    Dios, por la boca del sabio;
mas responderéisle a Dios
que no sois la fuerte vos,
pues me hacéis, Diana, agravio.
    Hoy no más, honra, hay en medio.
¿Qué hacéis con tan corto espacio?
Quien va enfermando despacio,
busque despacio remedio;
    que en leyes de medicina,
no es el médico prudente
que a enfermedad de repente
no da cura repentina.
    Muera Diana lasciva
hoy, pues afrentarme quiere;

pero si en público muere,
quedará mi afrenta viva.
   Mas no hará que el mundo alaba
al marido varonil
que su honra en sangre vil
de los adúlteros lava.
   Mas ¿qué sangre habrá que pueda
lavarla si la divulgo
y en los archivos del vulgo
inmortal la mancha queda?
   Manchas hay que salen luego,
si aplicarse el jabón sabe
mas ¿quién habrá que se alabe
de sacar manchas de fuego?
   Pero ¡cielos! ¿quién no alcanza
que la ley del duelo admite,
porque el honor resucite,
crueldades a la venganza?
   Esto ¿no es el común voto?
Sí, mas si el honor se llama
frágil vaso de la fama,
vaso que una vez se ha roto,
   aunque le suelde el cuidado,
no cobra el primer valor
ni es bien que quede el honor
como vaso remendado.
   Si la doy muerte que asombre,
la corte, cuando me vea,
no de don Sancho de Urrea
conservaré el primer nombre;
   antes de aquí temer puedo
que cuantos esto supieren,
dondequiera que me vieren
me señalen con el dedo

　　　　　　　　y digan: «Éste es aquél
　　　　　　　　a quien deshonró su esposa».
　　　　　　　　Fama pues tan afrentosa,
　　　　　　　　nombre, cielos, tan cruel
　　　　　　　　　que ha de quedar inmortal,
　　　　　　　　¿podré yo borrarle luego?
　　　　　　　　No, porque es mancha de fuego
　　　　　　　　que no pierde la señal.

(Sale Orelio, criado.)

Orelio　　　　　　　No es honra muy de codicia
　　　　　　　　la que, después de azotado,
　　　　　　　　volverle al pobre ha mandado
　　　　　　　　en público la justicia.

Sancho　　　　　　¿Qué es esto?

Orelio　　　　　　　　　　¡Oh señor! Venía
　　　　　　　　riyéndome de una acción
　　　　　　　　que he visto, en satisfacción
　　　　　　　　de un azotado, este día.
　　　　　　　　　Acudió a cierta pendencia
　　　　　　　　de noche un juez, y uno de ellos
　　　　　　　　le hirió, queriendo prendellos,
　　　　　　　　sin que de esta resistencia
　　　　　　　　　se descubriese el autor.
　　　　　　　　El sastre nuestro vecino
　　　　　　　　—que si ya no es con el vino
　　　　　　　　nunca ha sido esgrimidor—
　　　　　　　　　estando en su casa quieto,
　　　　　　　　fue sin culpa denunciado
　　　　　　　　de un enemigo taimado.
　　　　　　　　Prendiéronle, y en efeto,

  la furia del juez fue tal
que sin formarle proceso
ni averiguar el suceso,
sobre el usado animal,
  entre la una y las dos
le hizo dar aquella noche
un jubón, cual él se abroche
en galeras, ruego a Dios.
  Como era entonces tan tarde
cuál o cuál tuvo noticia
del rigor de la justicia;
pero él, haciendo alarde
  de su injuriada inocencia,
del juez se querelló
y ante el consejo probó
que cuando la resistencia
  sucedió, estaba acostado
con que mandó el presidente,
en fe de estar inocente
y el juez haber mal andado
  restituirle la honra;
y así por las calles reales
con trompetas y atabales
de la pasada deshonra
  se purga, con gorra y calza,
en medio de dos señores,
donde de sus valedores
toda la chusma le ensalza.
  Y cada cual admirado,
como no sabe quién es,
pregunta: «¿Cuál de los tres
es, compadre, el azotado?».
  Y responden: «El de en medio».
De modo que ya la fama

       «el azotado» le llama.
¡Miren qué gentil remedio
  de honrarle en mitad de día
si de noche le afrentaron,
y de los que le asentaron
cuál o cuál el mal sabía!
  Hanle honrado, en fin, los jueces
y agora pasa esta calle;
mas yo digo, que el honralle
es afrentarle dos veces;
  pues después de paseado
y soldado su desastre,
no le llamarán «el sastre»,
sino solo «el azotado».

(Vase Orelio.)

Sancho   «No le llamarán "el sastre",
sino solo "el azotado".»
¡Bien que agravio publicado
añade a la afrenta lastre.
  ¡Ah, Orelio! ¡Y a qué ocasión
vino tu aviso discreto!
El agravio que es secreto,
secreta satisfacción
  pide. Bien me has avisado.
Cuando al otro el juez honraba,
el vulgo ¿no preguntaba
que quién era el azotado?
  Luego si en público os vengo,
agora, que cuál o cuál
de mi esposa desleal
sabe el daño, ¿qué prevengo?
  El que me viere vengado

　　　　　　　　　　no dirá cuando me vea:
　　　　　　　　　　«Éste es don Sancho de Urrea»,
　　　　　　　　　　sino: «Éste es el afrentado».
　　　　　　　　　　　Alto pues, honra discreta,
　　　　　　　　　　haced que lo sea mi furia;
　　　　　　　　　　pues es secreta la injuria,
　　　　　　　　　　mi venganza sea secreta.
　　　　　　　　　　　Mirad que a aquel desdichado
　　　　　　　　　　que imita vuestro desastre,
　　　　　　　　　　no le llamarán ya «el sastre»,
　　　　　　　　　　sino solo «el azotado».

(Sale Diana.)

Diana (Aparte.)　　　(Gracias al cielo que puedo,
　　　　　　　　　　nombre mío, restauraros.
　　　　　　　　　　No pienso otra vez prestaros;
　　　　　　　　　　basta un peligro y un miedo.
　　　　　　　　　　　Pero aquí mi esposo está
　　　　　　　　　　melancólico y suspenso.)

Sancho　　　　　　　Darle agora muerte pienso.

Diana (Aparte.)　　　(¿Cómo? ¿A quién la muerte da?)

Sancho　　　　　　　　Pero no ha de ser notoria
　　　　　　　　　　la causa por que la doy
　　　　　　　　　　porque con Diana hoy
　　　　　　　　　　he de enterrar su memoria.

Diana (Aparte.)　　　　(¿A Diana ha de enterrar?
　　　　　　　　　　¿Y hoy ha de ser? ¡Ay de mí!
　　　　　　　　　　No en balde, cielos, temí
　　　　　　　　　　la ocasión de este pesar.)

Sancho	Yo he leído de un marido
a quien un grande afrentó
que en secreto se vengó.
Diana (Aparte.)	(¡Que yo le ofendo ha creído!)
Sancho	Convidó, en medio el estío
a su enemigo a nadar
y, a título de jugar,
los dos entrando en el río
abrazándose con él,
a la mitad le llevó,
donde su injuria vengó
siendo sus brazos cordel,
y el verdugo su corriente.
Después salió voceando:
«¡Favor, que se está anegando
mi amigo, ayudadle, gente!»
Y con este medio sabio
dio nuevo ser a su honor,
paga justa al agresor,
y nadie supo su agravio.
Si no fuera Sigismundo
que deshonrarme intenta,
yo vengara ansí mi afrenta
y no la supiera el mundo;
mas es príncipe en efeto;
su sagrado es mi lealtad;
honra, otro medio buscad
y advertid que sea secreto.
Diana (Aparte.)	(¡De Sigismundo y de mí
está celoso! Este engaño

                    al fin resultó en mi daño.
                    ¡Ay, cielos!)

Sancho   También leí
                    que este marido prudente
                    después que dormida vio
                    su esposa, fuego pegó
                       al cuarto; que quien consiente
                       al agresor acompaña;
                    y cerrándola la puerta,
                    después que tuvo por cierta
                    su muerte, y la llama extraña
                       en cenizas esparció
                    su agravio, porque no hubiese
                    quien de él noticia tuviese,
                    desnudo, a voces pidió
                       agua; mas no tiene efeto
                    cuando la honra incendios fragua
                    y ansí del fuego y el agua
                    fió el honor su secreto.
                       Fuego, yo también le fío
                    de vuestra llama; y por Dios,
                    que a no ser, fuego, de vos,
                    de nadie fiara el mío.
                       Con ella abrasad mis menguas,
                    vengad injuriadas famas...
                    Mas; ¡ay Dios! que vuestras llamas
                    tienen la forma de lenguas,
                       y que me afrenten presumo.
                    Mas si en iguales desvelos
                    suelen ser humo los celos
                    no haya llamas, sed todo humo.

Diana (Aparte.)   (¡A quemarme con la casa

        se dispone! ¿Qué herejía
cometéis, desdicha mía?
Contaréle lo que pasa;
   que si hasta aquí fue prudencia
callar, ya no lo será.
Mi hermana a casarse va;
la ocasión me da licencia
   descubrir este engaño;
que si para lo que he hecho
fue el secreto de provecho,
ya de hoy más, será en mi daño.)

(Llega.)   ¡Señor!

Sancho   ¡Diana! ¡Oh mi bien!

Diana   Si yo, don Sancho, lo fuera,
menos injurias oyera,
más amor, menos desdén.
   ¿Qué agravios de vuestro honor
mi lealtad andan culpando,
que con vos estáis hablando
en ofensa de mi amor?
   ¿Qué príncipe amenazáis?
¿Qué esposa os quita el sosiego
que para ella encendéis fuego
y para el agua buscáis?
   Rigurosos pensamientos
mi fe deben de ofender,
pues habéis querido hacer
verdugos los elementos.
   Si admiten satisfacción
vuestros injustos enojos
y no fiáis de los ojos
indicios de la opinión,

    don Sancho, escuchad un poco.

Sancho (Aparte.) (¡Ah secretos mal nacidos!
    Si el temor todo es oídos,
    y el que consigo habla es loco,
     ¿no os pudiérades quedar
    dentro del alma guardados?
    ¡Ved agora escarmentados
    lo que importa el buen callar!)
     Esposa del alma mía,
    ya que escuchándome estáis,
    no las quimeras temáis
    que hace mi melancolía;
     pues ni agraviado me quejo,
    porque estéis, mi bien, culpada,
    ni habrá quien me persuada
    a que no sois claro espejo,
     en que se mira el honor.
    Pero como me casé
    en años ya, y siempre fue
    de mí estimado el valor
     de la honra en tanto extremo,
    por ver la desigualdad
    de vuestra florida edad
    y la mía, dudo y temo...
     sin causa... pues si la hubiera
    nunca un español dilata
    la muerte a quien le maltrata
    ni da a su venganza espera.
     Melancólico, cual vistes,
    entre mí, Diana mía,
    estos discursos hacía:
    propio efeto de los tristes.
     Si el príncipe que, primero

que me casase, sirvió
a mi esposa e intentó
el dulce estado que adquiero,
   con su intento prosiguiese,
y ella —que al fin es mujer—
de su edad y su poder
persuadida, me ofendiese,
   ¿con qué castigo discreto
sería bien me vengase,
sin que el vulgo me afrentase
ni hiciese agravio al secreto?
   Y dije: «haciéndole ahogar».
Porque el agua, esposa mía,
que mudos los peces cría,
no lo había de parlar;
   ni el fuego, que esteriliza
cuanto llega a su poder,
diera lengua a la mujer
esparciéndola en ceniza.
   Esto en un esposo honrado
puede un agravio violento,
no más que en el pensamiento.
¡Ved qué hiciera averiguado!
   Pero de imaginaciones
que conmigo a solas paso,
no hagáis vos, esposa, caso
cuando por tantas razones
   vuestra lealtad e inocencia
satisfacerme procura;
pues no hay cosa tan segura
como la buena conciencia.

(Vase don Sancho.)

Diana ¡Con qué cuerdo y nuevo aviso
sus sospechas me ha contado!
Ni se dio por agraviado,
ni satisfacciones quiso.
　Callaré, pues él lo hace;
que quien dé disculpas usa
sin pedirlas, si se excusa,
neciamente satisface.
　Hoy se tiene de casar
y ser princesa Lisena,
y hoy saliendo de esta pena
don Sancho, ha de averiguar
　mi inocencia y dar sosiego
a su honrada confusión.
Mas antes de esta ocasión,
si llega a la casa fuego
　y dentro de ella me ahrasa,
siendo violento homicida,
¿no es razón, amada vida,
volver por vos y mi casa?
　¿Quién duda? Si a Valdeflores
voy, donde mi hermana está,
y el cielo alegre fin da
a mi dicha y sus temores;
　don Sancho, que ha de buscarme,
verá en un punto deshechas
sus aparentes sospechas,
despenarse y disculparme.
　Éste es el mejor remedio.
Aseguremos ansí,
temor, la ocasión que os di,
y pongamos tierra en medio.
　Repararé aquesta noche
a un tiempo el honor perdido,

	y un engañado marido.
(Llamando.)	¡Hola! Haced sacar un coche.

(Vase Diana. Salen Lisena, de luto galán, Laurino y Fulciano.)

Lisena	De la princesa Leonora
	estoy tan favorecida
	que no pagaré en mi vida
	lo que ha debo en un hora.
	¡Qué apacible! ¡Qué agradable!
	¡Qué discreta! En fin ¡qué bella!
	Si soy princesa por ella
	y de esta industria admirable
	llego el fin dichoso a ver
	con que Amor mis dichas premia,
	no princesa de Bohemia,
	su esclava sí que he de ser
Laurino	Vuestra alteza —que ya puedo
	llamarla ansí— se asegure,
	y en nombre suyo procure
	proseguir con este enredo
	que ella nos tiene mandado;
	que hasta que esto se concluya,
	como a la persona suya
	la sirvamos.
Fulciano	Avisado
	tiene a cuantos la servimos
	que Leonora la llamemos
	y de esta suerte lo hacemos
	los que en su casa asistimos.
	Su alteza está retirada,
	porque ninguno la vea

           y este engaño mejor crea
           el rey.

Lisena   ¡Llaneza extremada!
            En fin, ¿que soy desde agora,
           Leonora, infanta de Hungría

Laurino   Leonora sois este día,
           y princesa, gran señora.

(Sale Gascón, de cochero.)

Gascón   Chapines he visto yo
           de corcho y altura tanta
           que a una enana hacen giganta;
           pero ¿quién chapines vio
             que puestos en la cabeza
           —la corona lo ha de ser—
           ensalcen a una mujer
           tan alta, que ya es alteza?

Lisena   También, Gascón, para vos
           de chapines servirán;
           también os levantarán.

Gascón   Yo soy cochero. Por dios,
             que Sigismundo me va
           honrando, pues que me hizo
           ser de un coche porquerizo.
           «Coche, acá; coche, acullá.»
             Ya deseo que el rey venga
           y, cumpliendo mi esperanza,
           tenga fin aquesta chanza
           y yo también premio tenga.

(Sale el conde Enrique.)

Enrique (Aparte.) (Amor ciego, loco estoy.
¿Cómo, rigurosos celos,
si el amante os llama hielos,
abrasándome estáis hoy?
Sin saber adónde voy,
hasta aquí me habéis traído.
¡Que una ausencia haya podido
descomponerme tan presto,
porque funde el duque Arnesto
su amor y dicha en mi olvido!
   ¡Ah, Lisena! Vos seréis
ocasión de que yo muera
en la verde primavera
que ya agostar pretendéis!
Mas, ojos, ¿que es lo que veis?
¿No es ésta, confusos ojos
la causa de mis enojos?
Pero antojarasemé;
que Amor, como poco ve,
se suele poner antojos.
   No, ¡vive el cielo! que es ella.
¿Si a ver la princesa vino?
No juzgueis a desatino
la verdad que miro en ella.
Ésta es su presencia bella,
sus dos soles son aquéllos,
su boca aquélla y cabellos,
aquéllas sus manos son;
pinceles de mi afición
lo afirman, y es bien creellos.)

(A ella.) Mudable, di, ¿de qué fruto

　　　　　　　　　me ha de ser tu vista hermosa
　　　　　　　　　si, siendo del duque esposa,
　　　　　　　　　das a mis celos tributo?
　　　　　　　　　¿Por quién te vistes de luto?
　　　　　　　　　Si por mí le traes, ingrata,
　　　　　　　　　cuando Amor casarte trata,
　　　　　　　　　y me has quitado la vida,
　　　　　　　　　nunca suele el homicida
　　　　　　　　　traer luto por quien mata.
　　　　　　　　　　¿Cómo, mudable, tan presto
　　　　　　　　　—que este nombre es bien te aplique—
　　　　　　　　　favores que gozó Enrique
　　　　　　　　　los has reducido a Arnesto?
　　　　　　　　　Si mi amor firme y honesto
　　　　　　　　　olvidas en solo un mes,
　　　　　　　　　vencer puedes tu interés,
　　　　　　　　　y a premiarme te resuelve;
　　　　　　　　　vuelve a amarme, mi bien, vuelve;
　　　　　　　　　no soy duque, soy marqués.
　　　　　　　　　　El rey me llama sobrino;
　　　　　　　　　títulos tendré mayores.
　　　　　　　　　Dame esos brazos, amores;
　　　　　　　　　dame ese rostro divino.

(A los criados.)

Lisena　　　　　　¿Qué es eso? ¿Qué desatino
　　　　　　　　　a este hombre saca de sí?
　　　　　　　　　¿Qué hacéis? Echadle de aquí.

Laurino　　　　　Hola, despejad la sala.

Gascón　　　　　Vaya mucho enhoramala.

Fulciano	¿No es donoso el frenesí?
Enrique	Villanos, viven los cielos, si os descomponéis conmigo que os haga dar el castigo que dan a mi amor los celos. ¿Ansí pagas los desvelos que ya, ingrata, desconoces? Porque ajenos brazos goces, ¿no quieres darme los brazos?
Gascón	¿Daréle de latigazos? ¿Echaréle de aquí a coces?
Enrique	Tirana, pues hoy verán cuantos en Bohemia viven, mientras mi luto aperciben, la muerte, de tu galán.
Laurino	Éste debe ser truhán del rey y, bufonizando, se debe de estar burlando.
Lisena (Aparte.)	(Bien le conozco. ¡Ay de mí! Hola; echádmele de aquí; que agora que estoy llorando la muerte del malogrado príncipe, no será bien que con burlas causa den a divertir mi cuidado.
Fulciano	Tu esposo le habrá enviado sin duda, porque tu alteza divierta ansí su tristeza.

Enrique	¿Qué enredo es éste cruel? ¿Al marqués de Oberisel no conocéis?
Gascón	¡Linda pieza! 　Toda esa gracia se enfría porque aquí no ha de hacer baza ni de su bufona traza gusta la infanta de Hungría. Guárdela para otro día y desocupe este puesto.
Enrique	¿Quién es infanta? ¿Qué es esto?
Laurino	Bien finge lo que no ignora. Con la princesa Leonora habláis; no seáis molesto.
Enrique	¿Qué princesa? ¡Vive Dios, villanos...!
Gascón	Poquito a poco.
Enrique	¡Princesa! ¿Soy yo algún loco?
Gascón	Sois uno, y valéis por dos.
Enrique	¿No sois el lacayo vos de Fisberto?
Gascón	Fui primero su lacayo y ya cochero de la princesa; que, en fin,

	voy de rocín a ruin.
Enrique	¿No me conocéis?
Gascón	No quiero.
(Aparte.)	(Que si quisiera, bien sé
	quién es el marqués Enrique.)
	El seso tenéis a pique.
(Aparte.)	(Lindamente le engañé.
	¡Bien la burla le encajé
	de Arnesto!)

(Voces dentro.)

| Voces | Plaza, que viene |
| | el rey. |

| Lisena (Aparte.) | (Aquí me conviene |
| | disimular.) |

Enrique	¿No es Lisena
	ésta? ¿Qué maraña ordena
	matarme?

| Gascón | ¡Buen tema tiene! |

(Salen el Rey, el infante Alberto, Sigismundo, y acompañamiento.)

Rey	Alegrara, señora, su venida
	a este reino que espera a vuestra alteza,
	si la muerte del príncipe, afligida
	no enlutara a tal tiempo su belleza.

(Hablan aparte el Rey y el infante Alberto.)

>   No vi mujer jamás tan parecida
>   a Lisena, ni hará naturaleza,
>   Alberto, otro traslado semejante.

Alberto Digno es de que la admires y te espante.

(A Lisena.)

Rey
>   Pero pues nunca la Fortuna ordena
>   darnos cumplido el gusto, y es forzoso
>   mezclar con él aquesta justa pena,
>   de un hermano el pesar temple un esposo.

(Aparte el Rey y Alberto.)

>   Pienso que estoy hablando con Lisena
>   y, divertido con el talle hermoso
>   que en la princesa, copia suya, miro,
>   cuanto más la retrata, mas la admiro.

Alberto ¿No te lo dije yo?

Lisena
>   Con haber visto
>   a vuestra majestad, penas divierto,
>   el llanto enjugo y el pesar resisto
>   de Vladislao en tiernos años muerto.

Gascón (Aparte.) (¡Lindamente lo finge, vive Cristo!)

Lisena Mas ya que no con lágrimas advierto
>   que al príncipe podré volver la vida,
>   yo olvidaré su falta, agradecida.
>   Pierdo un hermano que estimaba el mundo;

	mas cobrando un esposo, con quien puedo
su muerte consolar, contenta fundo
mi dicha en él.
Gascón (Aparte.)	(¡Famoso va el enredo!)
Lisena	Quisiera yo ofrecer a Sigismundo
con la corona húngara que heredo,
el globo del imperio soberano
que besara sus pies al dar mi mano.
Sigismundo	Yo la beso mil veces, gran señora,
no de mandos ni imperios codicioso,
sino de la hermosura en quien adora
la dicha que me llama vuestro esposo.
Enrique (Aparte.)	(A Lisena trasforman en Leonora.
¿Qué enredo es éste, cielo riguroso?)
Lisena	Para vos, gran señor, mil fueran pocos.
Enrique (Aparte.)	(O yo lo estoy, o todos están locos.)

(Hablan aparte Sigismundo y Lisena.)

Sigismundo	¡Ay, dulce esposa!
Lisena	¡Ay, príncipe querido!
Saque este engaño Amor a feliz puerto.
Sigismundo	Si hará, mi bien; que es dios agradecido.
(A Alberto.)	

Lisena	Con vos este viaje, infante Alberto, la viaje se llame entretenido.
Enrique (Aparte.)	(¡Que no estuviera agora aquí Fisberto!)
Lisena	Mucho le debo en él a vuestra alteza. Ni su enfado sentí, ni su aspereza.
Alberto	Estar quejoso de él con razón pude, pues envidioso que os acompañase, sus leguas abrevió.
Gascón (Aparte.)	(¡Qué bien acude a todo la bellaca!)
Alberto	Y si durase un siglo, me alegrara.
Enrique (Aparte.)	(No hay quien dude que aquesta no es Lisena. ¡Que esto pase y se sufra en Bohemia! ¿Hay tal suceso? Yo debo de soñar, o estoy sin seso.)

(Reparando el Rey en Enrique.)

Rey	¡Marqués! ¡Sobrino!
Enrique	¡Gran señor!
Rey	Parece que triste celebráis esta alegría.
Enrique	Ando sin ella, y por instantes crece, no sin causa, una gran melancolía.

	Un deseo, señor, me desvanece,

        Un deseo, señor, me desvanece,
        que por ser imposible, ya podría
        dar treguas a mi mal su desatino.

Lisena ¿A quién llamastes, gran señor, sobrino?

Rey   　　Eslo mío el marqués.

Lisena 　　　　　　¡Válgame elcielo!
        Perdonadme, marqués si inadvertida
        no os traté como en tales casos suelo;
        que con justa razón estoy corrida.
        Pero, podréis culpar vuestro recelo
        y el ser yo a alguna dama parecida
        a quien amor tenéis.

Rey   　　　　　　Pues bien, ¿qué ha habido?

Lisena Con él un lindo caso me ha acaecido.

Rey   　　¿Con don Enrique?

Lisena 　　　　　　Ingrata me ha llamado.
        En la ausencia de un mes dice, que pudo
        no sé qué duque, que es mi desposado,
        favores usurpar de Amor desnudo.
        Hasta el luto que traigo está injuriado
        pues dice que si el traje alegre mudo
        en él, es porque toda soy mudanza
        y porque he dado muerte a su esperanza.
        　No se me acuerda el nombre que me llama,
        puesto que en él mi ingratitud condena.
        En conclusión, señor, sin ser su dama,
        ni la culpa tener, llevo la pena.

	Hablóme, en fin, por la persona que ama.
Rey	¡Donosa burla! Si os llamó «Lisena», no me espanto, Leonora, que se asombre.
Lisena	Sí, «Lisena» imagino que era nombre.
Rey	A todos nos causara el mismo engaño el conocer, señora, a vuestra alteza no asegurara caso tan extraño, milagro, en fin, de la naturaleza.
Gascón (Aparte.)	(¡Qué fértil en mentiras corre el año!)
Rey	Hay, señora, en mi corte una belleza imágen vuestra y semejanza en todo: en la cara, en el talle y en el modo.
Lisena	¡Válgame Dios!
Rey	A quien aquesto ignora difícil se le hará, si llega a veros, distinguir a Lisena de Leonora.
Sigismundo	Y aun a mí, que he llegado a conoceros.
Lisena	Ya no me espanto, si a Lisena adora, Enrique, vuestra suerte, que a atreveros su desdén os obligue en nombre de ella. Notablemente gustaré de vella.
Enrique	Alto. Yo me engañé; ya ha sucedido una persona en otra retratarse. Culpad mi engaño y condenad su olvido,

              y si esta burla puede perdonarse,
              perdón, señora, a vuestra alteza pido.

Rey   El suceso merece celebrarse.

Lisena   La ignorancia me hizo que no hiciera
              de vos el caso, Enrique, que debiera;
                 mas no tratando por agora de ésta,
              el rey mi padre, en cuyo real estado
              tengo de suceder por el funesto
              fin del hermano mío malogrado,
              me acaba de escribir que está dispuesto,
              pues la muerte las cosas ha mudado,
              de darme al de Polonia, porque quede
              unida a Hungría, cuando el reino herede.
                 Mándame que le niegue a Sigismundo
              la mano, cuando el alma le ha ofrecido;
              de suerte que me da esposo segundo,
              viuda sin bodas del primer marido;
              y cuando me ofreciera todo el mundo,
              una vez en el alma recibido,
              fuera imposible echarle; que Amor ciego
              tarde suele salir, aunque entra luego.
                 Por esto, y por no dar ocasión justa
              a guerras, que al poder hacen tirano,
              luego que supe su demanda injusta,
              de esposa a SIgismundo di la mano.
              Mi dueño es desde ayer, y si es que gusta
              vuestra real majestad que el soberano
              yugo de amor nuestras cervices ate,
              no hay para qué la boda se dilate.
                 Publíquese en la corte que hoy pretendo
              entrar en ella, el luto convertido
              en galas reales y festivo estruendo,

	pues la presteza su remedio ha sido.
Rey	En vos, princesa, estoy a un tiempo viendo
	vuestra belleza, que el amor ha unido
	a vuestra discreción. Bella y discreta
	os llame el mundo. En todo sois perfeta.
	No quiero encarecer vuestra prudencia.
	La determinación ejecutada
	fue importante, el amor por excelencia,
	y mi injuria con tiempo remediada.
	Vea mI corte hoy vuestra presencia.
	Entrad debajo el palio, coronada
	por princesa de un reino que mejora
	su trono real, gozándole Leonora.
	Yo voy a hacer la prevención debida
	a vuestro casto amor. Príncipe, vamos.
Sigismundo	Hoy, dulce esposa, en apacible vida
	los trances fieros del Amor trocamos.
Enrique (Aparte.)	(¡Que ésta es Leonora, cielos!)
Gascón (Aparte.)	(Bien urdida
	hasta aquí tu maraña, Amor, llevamos.
	¡Oh, Lisena taimada y socarrona!
	Por pícara mereces la corona!)

(Vanse todos. Sale don Sancho.)

Sancho	Hoy, honor, no moriréis.
	Un día más os dan de plazo.
	Sigismundo en Vadefflores,
	hoy no os ha de hacer agravio.
	Si mañana hacerle intenta,

	yo le atajaré los pasos.
	Castigue el fuego adulterios,
	pues es elemento casto.
	Asegurar a Diana
	me importa; que si ha eschado
	la muerte que darla intento
	y siempre teme el culpado,
	tiene de andar sobre aviso.
	Con amorosos engaños
	pienso quietar sus temores;
	fingid que la amáis, regalos.
(Llamando.)	¡Diana! ¡Mi bien! ¡Esposa!
	¡Ay cielos! ¿Si la ha ausentado
	su poca satisfacción;
	que es propio de los pecados
	el temer a la justicia,
	verdugo que a cada paso
	de sí mismo se recela,
	y trae la soga arrastrando?
	¡Cardenio! ¡Grisón! ¡Orelio!
	¿No hay aquí ningún criado?

(Sale Orelio.)

Orelio   ¿Qué manda vuestra excelencia?

Sancho   Llamad mi esposa.

Orelio   Buen rato
ha que en un coche salió
y ha ido, si no me engaño,
a Valdeflores.

Sancho   ¿Adónde?

Orelio   La fama que ha divulgado
que la princesa de Hungría
es de Lisena retrato,
la obligará, gran señor,
a ir a ver este milagro;
que se despuebla la corte
a lo mismo.

Sancho   No me espanto.
Yo la mandé que lo hiciera;
que en término cortesano,
es bien que a Leonora vea.
Andad con Dios.

(Vase Orelio.)

Sancho   ¡Qué engañado
Hasta aquí, honor, estuvistes!
¡Ay infelice don Sancho!
¡Sigismundo en Valdeflores!
¡Diana allí, y concertado
para hoy verse los dos!
¿Vos sois cuerdo? ¿Yo soy sabio?
¿Quién duda que en el camino
su amor no apreste el teatro
de mi desdicha, que sirva
a mi afrenta de cadalso?
Muerto os han, honor remiso.
Diréis que no os lo avisaron;
mas mentís, honor, mentís;
que anoche oyó mi cuidado
el concierto riguroso;
tiempo habéis tenido harto.

Socorro de España sois,
siempre perdido por tardo.
Ya ¿de qué sirve callar,
cuando las aves, los campos,
y las fuentes, que han de verlo,
deben ya de publicarlo?
Demos voces... Pero no;
más vale morir callando.
No os afrentéis a vos mismo,
perdido honor; lengua, paso
no en balde el cuerdo silencio
tiene en la boca un candado.
Silencio, deshonra mía,
hasta llegar a vengaros.
Dos modos hay de curar,
y milagrosos entrambos.
El preservativo es uno
con que se previene el sano
y se cura antes que llegue
el mal que está recelando;
porque el sangrarse en salud
suele excusar muchos daños.
Ya no podeis usar de éste;
tarde, honor, habéis llegado.
Enfermo por vuestra culpa
y por mi desdicha, os hallo.
Pues venga el segundo medio.
Procurad, honor, curaros
ya que en la cama caístes
de la deshonra y agravio.
Apliquemos medicinas.
Lo primero pues que os mando,
honor, es guardar la boca;
que no sana el desreglado.

La dieta es el remedio
más eficaz y ordinario.
Guardad, honor, pues, dieta
de silencio cuerdo y santo.
Pero es rigurosa cura;
¿qué médico tan extraño
no os ha, honor, de permitir
si estáis enfermo, quejaros?
Éntrase por las cavernas
de la tierra el viento vano
y, mientras no halla salida
con terremotos y espantos,
publica a voces su pena.
Tiembla el mundo, y echa abajo,
en fe de su sentimiento,
los edificios mas altos.
Apenas un aire leve
toca las hojas de un árbol
cuando todas se hacen lenguas
porque den voces sus ramos.
Braman celosos los brutos,
las aves se están quejando,
y a falta de lengua, en ecos
da gritos hasta un peñasco.
¿Y no queréis que me queje,
para que imite al caballo
de Troya, que mudo encierra
en el pecho a sus contrarios?
　¡Oh, terribles agravios!
Mátanme el alma, y ciérranme los labios.
　¡Diana con Sigismundo
su lascivo amor gozando,
mi limpia sangre ofendiendo,
y yo muriendo y callando!

¡Oh, España, madre de nobles!
¡Oh, Aragón, espejo claro
de la venguanza que puebla
los verdes montes de bandos!
Ya no me tendrás por hijo;
ya habrán mi nombre borrado
tus libros de tu nobleza
mi memoria desterrando.
Paredes, ¿no habláis vosotras?
Sí; que por eso os han dado
orejas nuestros proverbios,
y quien, oye, que habla es claro;
por eso es sordo el que es mudo.
Tapices, ya se ha alabado
quien oyó vuestras figuras
y consultó vuestros cuadros.
Puertas, más de alguna vez
vuestros quicios avisaron
contra adúlteras ofensas
a maridos descuidados.
Ventanas, todas sois lenguas,
pues de noche vuestros marcos
oyen, para hablar de día,
los secretos que os fiaron.
¿En qué pared no se atreve
a hablar el carbón liviano,
o el hacha en lenguas de fuego
por escaleras y patios?
Las peñas, aves y brutos,
paredes, tapices, cuadros,
carbón, ventanas y puertas
todos hablan. ¿Y yo callo?
 ¡Oh terribles agravios,
mátanme el alma, y ciérranme los labios!

Pero si el silencio importa,
honor infelice, tanto,
y el buen callar siempre es cuerdo,
callemos, hasta vengarnos.
Disimulemos ofensas,
pues no estáis, honor, sano.
Tomad callando el acero
si queréis desopilaros.
Hablen todos, que son necios;
que a la cigüeña han pintado
por símbolo del prudente
los que sin lengua la hallaron.
Parecedla vos en esto,
honor; que el que está agraviado,
no es bien que al mosquito imite
que se venga voceando.
¡Ea, fuego, aquesta noche
el oro, que se ha mezclado
con la liga de mi afrenta
y la da quilates falsos,
acendrarán vuestras llamas
como quien quema el brocado
por librarle de la seda
si está viejo o se ha manchado!
Quememos una mujer,
seda frágil que mezclaron
con el oro de mi honra
para que quede acendrado;
y vos, lengua, a la prisión
donde os atan, retiráos
y dad todas vuestras veces,
como soléis, a las manos;
　　y vosotros, agravios,
vengad ofensas y cerrad los labios.

(Vase don Sancho. Salen el Rey y don Enrique.)

Rey
    De vuestro engaño, marqués,
    particular gusto tuve
    y casi en el propio estuve
    con saber que Leonora es
       tan parecida a Lisena.

Enrique
    A mi costa se burlaron
    con que no poco alimentaron
    mi melancolía y pena.
       La princesa, en fin, ha entrado
    debajo del palio real,
    al Sol que la alumbra igual;
    y el haber anticipado
       sus bodas, fue de importacia,
    que siendo, como es, mujer
    mudara de parecer
    —pues nunca tienen constancia—
       y pudiera ser que diera
    gusto a su padre, y causara
    la guerra que estaba clara
    si a Polonia se volviera.

Rey
    La vejez del rey de Hungría
    le hace mudar de consejo;
    yo, que en fin no soy tan viejo
    la palabra estimo mía
       más que cualquier interés
    que recrecérseme pueda.
    Sigismundo a Hungría hereda
    con la princesa, marqués.

Enrique	Ésta es, gran señor, que viene.
Rey	Salgámosla a recibir.
Enrique	Ya no hay para qué salir; que en tu presencia la tienes.

(Música. Sallen muy bizarros Lisena y Sigismundo, de las manos. A su lado, Diana, el infante Alberto y Leonora de las manos.)

Lisena	Déme vuestra majestad las manos, señor, pues tengo padre en vos, y dle Sigismundo seguro y amado dueño.
Rey	Ya el príncipe os dio la suya. Yo los brazos os ofrezco en que descanséis; que ha sido prolijo el recebimiento.
Sigismundo	Tendrá vuestra majestad desde este punto sosiego, viéndome puesto en estado y que su gusto obedezco.
Rey	A lo menos, no os tuviera por obediente y discreto a no salir del engaño, Sigismundo, en que os vi puesto. ¿Tambien vos venís, duquesa, con la princesa?
Diana	Si veo que lo es mi hermana, señor,

	y que la obedece un reino, ¿qué mucho que la acompañe?
Rey	¿Qué decis, que no os entiendo?
Diana	¿No es la princesa mi hermana, señor, que delante tengo?
Rey	¿Cómo, princesa? ¡Oh traidores! ¡Vive Dios!
Alberto	Tenga sosiego, señor, vuestra majestad; que Diana cree lo mesmo que creyó el marqués Enrique porque entender la hemos hecho que del príncipe es esposa.
Rey	¿Qué decís?
Alberto	Aquésto es cierto.
Rey	¡Donosas burlas nos hace la similtud que vemos en estas dos hermosuras! Basta el engaño; no quiero que Diana esté quejosa. Decídselo.
Alberto	Señor, quedo.
Rey	¿Por qué la habéis de engañar?
Alberto	La princesa gusta de esto.

Rey   Alto; el es su gusto, vaya.

(Sale Fisberto.)

Fisberto   Antes que tal embeleco
                resulte en daño del rey,
                la he de matar, vive el cielo.
                No quiero princesas hijas
                por engaños.

Rey   Pues, Fisberto,
                ¿qué enojos os alborotan?

Fisberto   ¿Cómo, qué enojos? ¿No tengo
                razón, señor, de quejarme
                si solo por mi consejo
                no celebró con Diana
                el príncipe casamiento
                y agora a Lisena ha dado
                la mano, y en el soberbio
                palio la apellida a voces
                su princesa todo el pueblo?

Alberto   También le hemos persuadido
                la burla y el caso mesmo
                a su padre que a Diana.

Rey   De regocijos es tiempo;
                mas ya es bien desengañarle;
                que no es razón que el buen viejo
                se altere.

Alberto   ¿Qué? No, señor.

	La princesa gusta de esto.
Sigismundo	Templad, Fisberto, la ira; que el rey mi padre ha dispuesto esto por razón de estado.
Fisberto	¿Es esto cierto?
Rey	Y muy cierto.
Fisberto	Pues ya yo estoy sosegado.

(Salen don Sancho y Orelio.)

Sancho (Aparte.)	(Mi alterado pensamiento, sin saber adónde voy, me trae fuera de mí mesmo. Aquí está el rey, Sigismundo, Leonora, el infante. ¡Ay cielos! ¡Y la ingrata de mi esposa! ¿Quién duda que ya habrán hecho sacrificio de mi honor? Pero si no le hay sin fuego, callad, honra, que esta noche seréis su ministro cuerdo.)
Rey	Decid, príncipe, ¿quién es esta dama a quien Alberto trae de la mano, y su cara obliga a amor y respeto?
Leonora	Yo, gran señor, soy Leonora, hija vuestra, que a dar vengo al infante con la mano

	de Hungría el antiguo reino.

Rey   ¿Cómo? ¿Vos sois la princesa?

Leonora   Amor, que todo es enredo,
               cuando a vuestra corte vine
               quiso —y yo se lo agradezco—
               rendirle, a la gallardía
               del infante, a quien yo tengo,
               como esposo y señor mío,
               aposentado en mi pecho.

Rey   ¿Luego Lisena es esotra?

Sigismundo   Y esposa mía.

Rey   Primero
               que tal consienta, su muerte
               servirá al mundo de ejemplo.

Leonora   A vuestros pies, gran señor,
               pido y suplico por ellos;
               y si fuistes mozo, amante,
               perdonad amores viejo.

Rey   ¿Cómo yo había de sufrir
               tal desigualdad?

Leonora   Ya vemos
               por la escalas de Amor
               subir cayados a cetros.
               Dos hijos que tenéis solos
               dejáis nobles herederos
               de dos coronas ilustres.

Alberto	La princesa gusta de esto.
Leonora	Su perdón os pido en pago
de que por obedeceros,
desobedezco a mi padre,
y al rey de Polonia dejo.
Rey	¿Pues no amabas a Diana,
traidor?
Sigismundo	No lo quiera el cielo.
Lisena solo ha triunfado,
señor, de mis pensamientos.
Sancho (Aparte.)	(Honra mía, dadme albricias;
que si lo que escucho es cierto,
yo haré a mi silencio sabio
de jaspe y marfil un templo.)
Rey	Pues el papel y el retrato
que halló a Diana Fisberto
y el día que se casó
las muestras de sentimiento
que hiciste, ¿cómo se hermanan
agora con este enredo?
Lisena	El retrato y el papel
Diana estaba leyendo
cuando entró mi padre airado
en nuestro jardín; y viendo
lo que guardarle importaba,
le metió, gran señor, dentro
de la manga en que le halló

                    mi padre.

Diana   Y yo, que el deseo
de ver reinar a Lisena
he cumplido con aquesto,
sufrí, cuerda los agravios
de mi padre, y al secreto
encomendé la ventura
de este dichoso suceso,
pues de él a don Sancho ilustre
por señor y esposo medro.

Gascón   Yo doy fe, como escribano
corredor aunque cochero,
arcaduz, estafetilla,
y a pagar de mi dinero
que es verdad todo lo dicho.

Rey   Alto; digno es este cuento
que se acabe en tragedia.
Leonora, por amor vuestro
los perdono.

Sancho (Aparte.)   (¿Veis, honor,
si el callar fue de provecho?
Hablen los otros maridos
en su afrenta y vituperio;
que hasta agora nadie sabe
sino el cielo y yo mis celos
que, en mi honra averiguados,
del alma alegre los echo.)

Fisberto   En fin, señor, consentís
que Lisena me dé nietos

	que reyes Bohemia llame?
Rey	Dios lo haga ansí, Fisberto.
Enrique	¡Buen retrato de Leonora! Convertido se ha en Arnesto el príncipe Sigismundo.
Gascón	Yo fui quien os di ese trueco.

(Al príncipe Sigismundo.)

	Pero ¿cómo no me pagas los jornales que merezco de esta cántara acabada?
Sigismundo	Hágote mi camarero.
Orelio	¡Cómo! ¡Un cochero!
Gascón	Pasito, que el Sol que alumbrando vemos es más ilustre que vos y su oficio es carretero.
Orelio	Otro cargo pueden darle.

(A Lisena.)

Gascón	¿No es a su gusto este premio?
Lisena	Sí, Gascón.
Gascón	¿Venlo vustedes?

                         La princesa gusta de esto.

Sancho (Aparte.)   (El celoso como yo
                         calle y averigüe cuerdo
                         sospechas, mil veces falsas,
                         como las mías salieron;
                         y si fueren verdad, cobre
                         satisfacción con secreto;
                         que la pública da causas
                         a vulgo, siempre parlero.
                         Don Sancho soy. Si he callado
                         a vuestro gusto, por esto
                         al buen callar llaman Sancho.
                         En mí tenéis el ejemplo.)

                         Fin de la comedia

Libros a la carta

A la carta es un servicio especializado para
empresas,
librerías,
bibliotecas,
editoriales
y centros de enseñanza;
y permite confeccionar libros que, por su formato y concepción, sirven a los propósitos más específicos de estas instituciones.
Las empresas nos encargan ediciones personalizadas para marketing editorial o para regalos institucionales. Y los interesados solicitan, a título personal, ediciones antiguas, o no disponibles en el mercado; y las acompañan con notas y comentarios críticos.
Las ediciones tienen como apoyo un libro de estilo con todo tipo de referencias sobre los criterios de tratamiento tipográfico aplicados a nuestros libros que puede ser consultado en Linkgua-ediciones.com.
Linkgua edita por encargo diferentes versiones de una misma obra con distintos tratamientos ortotipográficos (actualizaciones de carácter divulgativo de un clásico, o versiones estrictamente fieles a la edición original de referencia).
Este servicio de ediciones a la carta le permitirá, si usted se dedica a la enseñanza, tener una forma de hacer pública su interpretación de un texto y, sobre una versión digitalizada «base», usted podrá introducir interpretaciones del texto fuente. Es un tópico que los profesores denuncien en clase los desmanes de una edición, o vayan comentando errores de interpretación de un texto y esta es una solución útil a esa necesidad del mundo académico.
Asimismo publicamos de manera sistemática, en un mismo catálogo, tesis doctorales y actas de congresos académicos, que son distribuidas a través de nuestra Web.
El servicio de «libros a la carta» funciona de dos formas.
1. Tenemos un fondo de libros digitalizados que usted puede personalizar en tiradas de al menos cinco ejemplares. Estas personalizaciones pueden ser de todo tipo: añadir notas de clase para uso de un grupo de estudiantes, introducir logos corporativos para uso con fines de marketing empresarial, etc. etc.

2. Buscamos libros descatalogados de otras editoriales y los reeditamos en tiradas cortas a petición de un cliente.

www.ingramcontent.com/pod-product-compliance
Lightning Source LLC
LaVergne TN
LVHW041336080426
835512LV00006B/479